本书出版受国家社科基金一般项目（[illegible]JL091）、湖南省社会科学成果评审委员会重点课题（XSP2023ZDI014）和“湖南财政经济学院经济学院”资助

知识产权保护驱动生产性服务业高端延伸的效应研究

周　游　著

湘潭大学出版社
XIANGTAN UNIVERSITY PRESS

图书在版编目（CIP）数据

知识产权保护驱动生产性服务业高端延伸的效应研究 / 周游著. -- 湘潭 : 湘潭大学出版社, 2023.9
ISBN 978-7-5687-1282-8

Ⅰ. ①知… Ⅱ. ①周… Ⅲ. ①知识产权保护－激励－生产服务－服务业－研究－中国 Ⅳ. ①F726.9

中国国家版本馆 CIP 数据核字（2023）第 203624 号

知识产权保护驱动生产性服务业高端延伸的效应研究

ZHISHI CHANQUAN BAOHU QUDONG SHENGCHANXING FUWUYE GAODUAN YANSHEN DE XIAOYING YANJIU

周游 著

责任编辑：夏 露 王亚兰
封面设计：夏茜旸
出版发行：湘潭大学出版社
社 址：湖南省湘潭大学工程训练大楼
电 话：0731-58298960 0731-58298966（传真）
邮 编：411105
网 址：http://press.xtu.edu.cn/
印 刷：长沙创峰印务有限公司
经 销：湖南省新华书店
开 本：710 mm×1000 mm 1/16
印 张：11.25
字 数：270 千字
版 次：2023 年 9 月第 1 版
印 次：2023 年 9 月第 1 次印刷
书 号：ISBN 978-7-5687-1282-8
定 价：68.00 元

前　言

发达国家产业结构演进的历史经验证明，以高附加值的现代生产性服务业逐步取代低附加值的传统工业，是一个国家在工业化中后期经济可持续发展的客观趋势，也是发展中国家成功迈向高收入国家的必由之路。然而，由于知识产权保护不力等原因，我国企业对生产性服务业的技术创新缺乏足够激励（夏杰长，2022），导致我国高端领域、高端环节生产性服务业发展不足，竞争力较弱，对支撑产业转型和结构调整的功能无法得到充分发挥，据统计，我国以研发、设计、金融、物流、营销等为代表的知识密集型生产性服务业占GDP的比重只有15%左右，相比之下，作为先进制造业强国的德国的现代生产性服务业占GDP的比重高达45%～50%（国家统计局，2022）。其次，我国生产性服务产品的出口贸易市场结构面临着巨大的调整压力。目前，我国生产性服务业产品结构的调整不适应世界市场需求的变化，以知识技术为主的新型服务贸易缺乏出口相对优势，且信息服务、科技服务、商务服务等高创新率、高附加值的生产性服务出口乏力。此外，我国生产性服务业的国际市场竞争格局正在发生根本性的转变。欧美发达国家主导国际经贸规则变迁，将具有竞争优势的服务价值链进一步向全球延伸，同时，以新技术、新产品、新业态为动力的第三次产业革命正孕育和发展着新的市场竞争，我国传统以依附制造业企业谋求规模递增的生产性服务业发展方式不再具有可持续性，急需进一步深化生产性服务业专业化分工，培育新的竞争优势推动生产性服务业国际竞争力的提升。这引起经济学界和政府的高度重视，我国第十四个五年规划和二〇三五年远景目标建设明确提出要重点强化现代生产性服务业创新成果的知识产权保护，国家发展改革委印发的《服务业创新发展大纲（2017—2025年）》也将完善服务业商业模式的知识产权保护制度，健全服务业知识产权侵权惩罚性赔偿制度作为激励服务业创新发展的重要内容，2022年12月中央经济工作会议和2023年3月政府工作报告都特别强调要加快发展生产性服务业，加大知识产权保护力度，激发市场主体创新活力。

在激励生产性服务业企业技术创新的众多因素中，知识产权保护是重要的制度性因素，知识产权保护是以优化创新资源配置、推动产业内技术结构改善为核心，推动生产性服务业内部结构调整（唐保庆，2018），在吸引跨国技术流入，催化产品内分工和促进高端产品精细化生产的基础上，进一步促进其出口结构优化和价值链地位提升。对于正处于转型期的我国而言，通过完善知识产权保护制度推动生产性服务业创新不仅有利于产业结构的升级和经济发展方式的转型，还关系到通过制度变革的方式释放制度红利的有利尝试（习近平，2018）。因此，本课题研究知识产权保护影响生产性服务业的内部结构升级效应、出口结构优化效应和价值链地位提升效应的内在机制，探索优化区域、行业、国家三个层面知识产权保护制度推进我国生产性服务业高端延伸的政策体系及其实现途径，无论对完善我国知识产权保护制度，还是对促进生产性服务业提质增效均具有重要的理论和现实意义。

在此背景下，本书紧密围绕“生产性服务业向高端延伸的知识产权保护激励机制及制度优化”这一主题展开，在搭建知识产权保护激励生产性服务业高端延伸理论框架的基础上，重点分析了知识产权保护促进生产性服务业内部内部结构升级、出口结构优化和全球价值链地位提升这三个方面的内在机制和激励效果，深入探索了知识产权保护激励生产性服务业高端延伸的现实措施与实现途径。

本书是笔者完成的国家社科基金一般项目（23BJL091）、国家自然科学基金青年项目（71903050）、湖南省社会科学成果评审委员会重点项目（XSP2023ZDI014）的研究成果，同时感谢湖南财政经济学院二级单位经济学院的资助。非常感谢参与课题的谭光荣教授、吴钢副教授、陈烨讲师、孙天阳讲师、肖人瑞博士和黄保聪博士，以及参与课题研究的学生：王欢、符莹、丁炜欢、陈欢、唐丽湘和符文燕，在他们的努力下，才取得这些成果。同时，感谢湘潭大学出版社的大力支持和帮助。当然，我们的研究还存在不足和不够完善的地方，敬请各位读者批评指正！

周 游

2023 年 11 月

目　录

第一章 绪 论

本书紧密围绕“生产性服务业向高端延伸的知识产权保护激励机制及制度优化”主题展开，在搭建知识产权保护激励生产性服务业向高端延伸理论框架的基础上，重点分析了知识产权保护促进生产性服务业内部结构升级、出口结构优化和全球价值链地位提升这三个方面的内在机制和激励效果，深入探索了知识产权保护促进生产性服务业高端延伸的现实措施与实现途径。本章主要介绍了选题背景、研究意义、研究对象、研究方法、结构安排、创新点、不足之处及未来的研究计划。

第一节 选题背景及研究意义

一、现实背景

作为现代服务业的重要组成部分，生产性服务业的发展对支撑产业转型升级的贡献越来越大，加强生产性服务业知识产权保护对促进其上游的研发设计、节能环保等行业发展，降低服务业被发达国家低端锁定，进而提升我国全球价值链地位至关重要。创新作为支撑生产性服务业高质量发展的关键引擎一直备受关注，加强现代生产性服务业创新成果的知识产权保护，健全服务业知识产权保护法规，完善服务业商业模式知识产权保护和侵权惩罚性赔偿制度是促进服务业创新发展的重要内容。习近平总书记在中央政治局第二十五次集体学习时着重指出要加强我国各区域和各行业的知识产权保护力度，《“十四五”国家知识产权保护和运用规划》强调“保护知识产权就是保护创新”，国家《知识产权强国建设纲要（2021—2035年）》也将知识产权保护作为强国战略，并提出要健全新领域新业态知识产权保护机制。鼓励高层次生产性服务行业企业创造服务业新模式、新内容，全力加强对生产性服务业领域自主创新的保护，不仅有助于我国以服务业为主导的经济体系开展创新，也将进一步推动生产性服务业发展方式的转型并加快经济和产业结构的优化调整。

世界先进经济体的产业结构演进经验表明，发展高层次生产性服务业是经济欠发达国家跨越“中等收入陷阱”，实现提升居民福利和保持经济可持续发展的重要路径。然而，由于知识产权未得到有效保护等原因，我国企业在生产性服务业的模式和内容等方面的创新缺乏足够激励，从而导致我国高端领域和高端环节的生产性服务业占比较低，知识密集型服务业整体技术水平不高，对支撑国家产业转型升级和结构优化调整的功能无法得到充分发挥。据国家统计局网站公布的统计数据，我国“十四五”规划期间以研发设计、科技服务等为代表的知识密集型生产性服务业发展滞后，占我国GDP的比重仅为50%，远远低于发达国家同时期现代服务业占其GDP的比重，如同时期德国相应占比高达45%～50%。其次，我国生产性服务产品的出口贸易市场结构面临着巨大的调整压力。目前，我国生产性服务业出口产品的整体层次较低，交通运输等传统生产性服务业的出口占比仍旧较高，信息和科技等领域的高技术新型生产性服务业产品出口缺乏竞争优势。此外，我国生产性服务业发展所面临的国际竞争形势正在发生实质性转变，美国和西欧部分发达国家进一步强化了其在国际经济与贸易规则变迁的主导和引领作用，将其具有竞争优势的生产性服务业进一步向全球价值链延伸。与此同时，以新技术、新产品、新业态为动力的全球第三次产业革命正孕育和发展着新的国际市场竞争，而当前我国生产性服务业仍然停留在以依附制造业企业谋求规模递增的传统方式上，因此，我国急需进一步深化生产性服务业专业化分工，在生产性服务业模式和内容方面培育新的竞争优势，推动生产性服务业不断攀升服务业价值链的高端（韩沈超，2023）。

当前，我国生产性服务业发展处在瓶颈期，加大劳动和资本要素投入量或改变资本劳动要素投入比例等传统手段对促进生产性服务业可持续发展的作用较小，而通过技术创新提升生产性服务业劳动生产率能成为推动其高端延伸的重要动力。在促进生产性服务业企业技术创新的众多因素中，知识产权保护是重要的制度性因素。高层次生产性服务业蕴含较高的技术和创意，加强知识产权保护将明显提高知识密集型生产性服务业的发展速度，进而促进生产性服务业整体技术水平的提升。其次，加强知识产权保护虽然抑制了本土企业的技术模仿，但也提高了本国进口的中间品质量和品质，有助于本国企业承接跨国企业较高层次的服务外包，进而提升了本土生产性服务业产品的出口技术复杂度。此外，东道国加强知识产权保护将激励更多全球价值链“链主”到东道国投资，提升东道国生产性服务业的国内增加值比重，进而促进了东道国生产性服务业不断攀升全球价值链。总体而言，强化知识产权保护是以优化创新资源配置、推动产业内技术结构改善为核心，助推生产性服务业内部结构调整，在吸引跨国技术流入，催化产品内分工和促进生产性服务业高端产品精细化生产的基础上，进一步促进其出口结构优化和价值链地位提升。当前我国正处于经济转型期，全力加强生产性服务业创新主体的知识产权保护工作不仅有助于推动我国国内产业结构转型升级，也将通过制度变革促进我国经济发展方式的根本转变。

二、学术价值与现实意义

（一）学术价值

第一，在产业转型升级模型中纳入知识产权保护变量，建立知识产权保护驱动生产性服务业高端延伸的理论研究框架，深化拓展了现有产业升级理论研究。

第二，基于区域、行业、国家层面构建知识产权保护强度指标，基于内部结构升级效应、出口结构优化效应和价值链地位提升效应三个视角综合评价生产性服务业高端延伸的机制，弥补现有研究的不足。

第三，运用复杂网络方法、门槛阈值模型、向量自回归模型进行经验分析，丰富了创新保护与产业升级关系的研究。

（二）现实意义

第一，全面解析我国知识产权保护驱动生产性服务业内部结构升级的效应，对完善我国区域知识产权保护制度推动生产性服务业向专业化、高端化方向发展具有重要政策意义。

第二，注重测度我国生产性服务业出口结构的动态变化及其行业知识产权保护强度所产生的影响，有助于“后危机时代”调整我国行业知识产权保护强度推动生产性服务业出口结构优化。

第三，检验国家层面知识产权保护水平对生产性服务业价值链地位提升的影响效应，可为我国寻求最优知识产权保护强度实现生产性服务业价值链跨区域重组提供理论支撑和经验启示。

第二节　研究对象界定与研究方法

一、研究对象界定

（一）生产性服务业

生产性服务业（Producer Services）最早由美国经济学家 Greenfield 于 1966 年研究服务业分类时提出，认为生产性服务业作为一种要素投入，服务于商品生产，但并不用于最终消费。1975 年美国经济学家 Browning Singelmann 将生产性服务业界定为保持工业生产过程的连续性、促进工业技术进步、产业升级和提高生产效率而提供保障服务的服务行业，并指出其具有知识密集性和专业性的特征。当前，经济与合作发展组织（OECD）等国家认为生产性服务业的职能主要提供中间投入服务，从而促进其他企业发展。而在国内，迄今为止对于生产性服务业并没有统一的定义，但认识已趋向一致，一般认为，生产性服务业企业本身并不直接向消费者提供服务，其依附于制造业企业而存在，是与制造业直接相关的配套服务业，贯穿于企业生产的上游、中游和下游等诸多环节中，以人力资本和知识资本为主要投入品。

我国为优化产业结构、促进生产性服务业的发展，曾在“十一五”规划和“十二五”规划中对生产性服务业的范围进行了简单划分。2015年，为加快发展生产性服务业、促进产业结构调整升级，国家统计局发布了《生产性服务业分类(2015)》，对生产性服务业的具体范围进行了界定；此外，为适应我国产业结构调整和“营改增”后生产性服务业与生活性服务业的衔接问题，国家统计局于2019年4月对原分类标准进行了修订和调整，发布新的《生产性服务业统计分类（2019)》。我国最新的生产性服务业分类范围如表1.1所示，本书基于此范围对生产性服务业进行增值税激励的效应研究。

表 **1.1** 生产性服务业统计分类（**2019**）范围

行业大类	行业中类	备注（与2015版相比）
研发设计与其他技术服务	研发与设计服务	
	科技成果转化服务	
	知识产权及相关法律服务	
	检验检测认证标准计量服务	
	生产性专业技术服务	
货物运输、通用航空生产、仓储和邮政快递服务	货物运输服务	
	货物运输辅助服务	
	通用航空生产服务	新增通用航空生产服务
	仓储服务	
	搬运、包装和代理服务	
	国家邮政和快递服务	
信息服务	信息传输服务	
	信息技术服务	
	电子商务支持服务	
金融服务	货币金融服务	
	资本市场服务	
	生产性保险服务	
	其他生产性金融服务	

续表

行业大类	行业中类	备注（与2015版相比）
节能与环保服务	节能服务	
	环境与污染治理服务	
	回收与利用服务	
生产性租赁服务	融资租赁服务	
	实物租赁服务	
商务服务	组织管理和综合管理服务	
	咨询与调查服务	
	其他生产性商务服务	
人力资源管理与职业教育培训服务	人力资源管理	
	职业教育和培训	
批发与贸易经纪代理服务	产品批发服务	
	贸易经纪代理服务	
生产性支持服务	农林牧渔专业及辅助性活动	
	开采专业及辅助性活动	
	为生产人员提供的支助服务	
	机械设备修理和售后服务	新增生产用摩托车、助动车修理与维护服务
	生产性保洁服务	

（二）知识产权保护激励

知识产权保护以激励创新为突破口，在全球范围被广泛接受并推行，主要得益于其对创新资源的优化配置效应（李士梅和尹希文，2018）。从知识产权保护的视角来研究最早见于对高技术服务业创新与知识产权保护之间关系的论述中（Sieghart，1982），随着研究的不断深入，一些学者将研究视角拓展到知识产权保护对产业内部结构升级效应（Scotchmer，2004；唐保庆等，2018）和出口结构优化效应领域（Boldrin 等，2011；李娜等，2018），认为加强知识产权保护一方面有利于强化服务业企业创新保护，促进服务业企业产品结构优化，另一方面也将扩大创新企业走出去的先动优势，提高其出口竞争实力，进而对出口结构产生优化效应。服务业全球化正在快速推进，并已成为经济全球化的主要推动力量，知识产权保护对服务业价值链地位的影响效应也备受关注（杨珍增，2014；杨珍增和刘晶，2018）。本书通过对知识产权保护制度对生产性服务业产生的内部结构升级、出口结构优化和价值链地位提升效应进行实证研究，提出知识产权保护激励机制的优化思路，促进生产性服务业向高端延伸。

二、研究方法

（1）运用立法评分法、综合评分法、因素分析法等测算我国省区、行业和国家层面知识产权保护强度变动情况，采用主成分分析法、线性图表分析法和对比分析法分别分析我国生产性服务业的区域异质特征、出口结构的动态演变特征和价值链分工地位特征。

（2）复杂网络分析方法。采用传统空间计量方法分析知识产权保护和服务业内部结构变化的空间关联问题，仅将研究视角局限在相邻或相近地区的关联方面。若不考虑不相邻地区经济变量的空间相关性对模型的影响，得到的结论可能有偏误。考虑到两个在地理位置上不相邻的地区的知识溢出和服务业发展可能存在空间依赖性，尤其是在通信技术和交通网络辐射下，这种非相邻地区间的空间关联效应将被进一步深化，复杂网络方法恰恰能从多边的角度全局分析网络变量的空间关系和变迁特征。

（3）门槛效应模型估计法。国内外大多数文献大多致力于检验知识产权保护制度对服务业出口结构影响的静态线性影响机制，但由于知识产权保护具有区域和行业异质性，因此其对我国生产性服务业出口结构的影响可能存在非线性门槛特征。采用该方法检验将揭示优化我国生产性服务业出口结构面临挑战中的“黑箱”，有利于我国制定和调整知识产权保护战略，为我国生产性服务业行业基于不同知识产权保护水平，选择实施差别化、最优化的生产性服务业知识产权保护政策。

（4）向量自回归（VAR）模型估计法。传统的计量经济学分析方法（如联立方程模型等结构性方法）通常建立在某些经济假设的基础上描述自变量与因变量之间的关系，难以对变量之间的动态联系提供一个缜密的诠释，且不能较好解决解释变量的内生性问题。使用向量自回归模型（VAR）这种非结构性方法来实证检验知识产权保护制度推动生产性服务业价值链地位的效应大小和方向，并通过脉冲响应函数和格兰杰因果检验进一步分析了知识产权保护制度影响生产性服务业价值链地位的过程和程度。

（5）案例分析法。选取国内外生产性服务业高端延伸成功案例进行深入剖析，如生产性服务业规模较大、功能较全的中心城市上海、北京等，分析其知识产权保护制度对生产性服务业企业技术创新的作用，总结其加强知识产权保护推动生产性服务业转型发展的成功经验。

第三节　结构安排与研究框架

一、本书结构安排

本书旨在搭建知识产权保护激励生产性服务业向高端延伸研究的理论框架，深入探索知识产权保护促进生产性服务业高端延伸的作用机制与实现途径。为全面考察增值税对生产性服务业高端延伸的激励效应，本书将根据研究内容具体分为八个章节具体阐述。

第一章为绪论，主要介绍本书的选题的现实背景、著作研究的学术价值和现实意义、著作的对象界定和研究方法、著作的具体结构和安排、著作的创新点、不足之处与下一步计划。

第二章为知识产权保护与生产性服务业高端延伸的研究综述，主要从知识产权保护对生产性服务业内部结构、出口结构和价值链地位等方面综述分析；

第三章为中国知识产权专利申请地位与区域生产性服务业发展概述。首先基于 1996—2015 年全球 62 国往来专利申请数据，分四个阶段构建了全球知识产权申请完全网络，并从中提取顶层排名网络（Top1 网络），在此基础上探究了中国在全球知识产权专利申请社群中的地位和演化趋势。然后以我国省区市 2003—

2018 年的生产性服务业就业人数为样本，探究了我国区域生产性服务业发展的空间关联关系，并进一步采用复杂网络和 QAP 方法分析了各地区生产性服务业发展的空间关联特征和影响因素。

第四章为知识产权保护激励服务业内部结构升级的效应研究。该部分首先基于复杂网络方法构建了中国区域知识产权保护和服务业内部结构优化的空间关联网络，并测度了网络的密度和关联性；同时运用 QAP 相关分析和回归分析实证检验了中国区域知识产权保护对服务业内结构优化的空间关联的影响。

第五章和第六章分别从省级和国家层面分析了知识产权保护激励生产性服务业出口结构优化的效应分析。省级层面：基于我国 1996—2018 年省级面板数据，测算了区域知识产权保护、外商直接投资和生产性服务业出口结构的综合水平及其协调发展的动态演化特征，在此基础上实证检验了三个变量之间相互作用的关系；国家层面：运用 2000—2022 年经济发展相关数据，测算出生产性服务业出口结构、中国的知识产权保护水平、研究与试验发展经费支出、外商直接投资这四个变量之后进行 Granger 因果关系检验和脉冲响应函数分析变量之间的影响关系。

第七章为外商直接投资、知识产权保护与出口产业结构调整的相互影响分析。通过构建联立方程，并利用 VAR 模型，对我国外商直接投资、知识产权保护和出口产业结构之间的相互关系进行实证研究，结果表明：出口产业结构优化不利于我国吸引外商直接投资，但外商直接投资有利于我国出口产业结构的优化；加强知识产权保护有利于我国出口产业结构优化和外商直接投资流入，同时出口产业结构优化和外商直接投资流入也促进了我国知识产权保护水平的提高。为此，政府应坚持运用差异化的引资优惠政策引导 FDI 在产业间的合理分布，同时重视制定合理知识产权保护法，避免对出口产业的过度干预，在市场机制作用下实现出口产业结构优化。

第八章为知识产权保护激励我国生产性服务业价值链地位提升的效应研究。基于 OECD 组织中的部分国家或地区 2001—2020 年的年度数据，算出世界生产性服务业技术复杂度，并用其衡量我国生产性服务业价值链地位。实证检验知识产权保护与我国生产性服务业价值链地位之间的关系。结果发现：(1) 知识产权保护是影响我国生产性服务业价值链地位的长期原因。(2) 知识产权保护对我国生产性服务业价值链地位具有短期正向冲击作用。(3) 提高知识产权保护水平能促进我国的全球价值链地位的提升。由此提出构建知识产权保护对提升生产性服务业价值链地位的路径。

第九章为本书主要结论和政策建议。全面总结了本书的主要研究结论，并为今后进一步优化知识产权保护政策促进生产性服务业向高端延伸提供政策建议。

二、本书研究框架

本书将按照“明确特征事实，厘清影响机理，构建理论模型，实证检验估计，给出政策建议”的框架思路展开研究。基本思路如下图 1.1 所示：

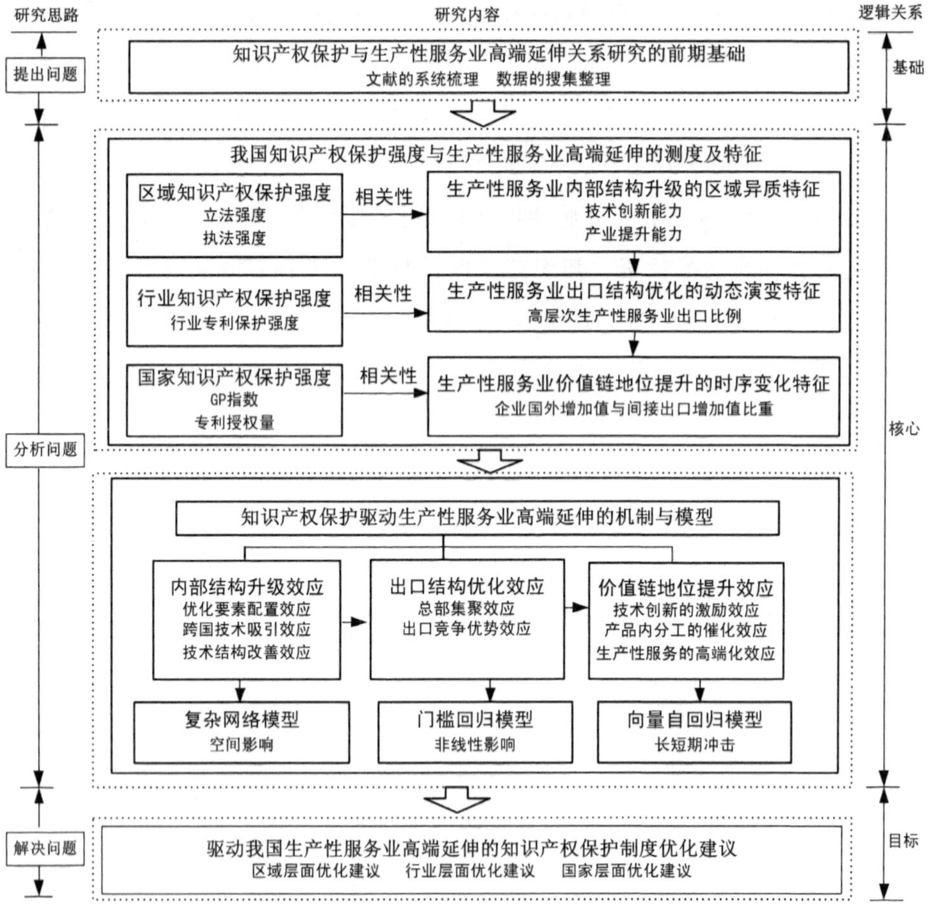

图 1.1　课题研究思路和技术路线图

第四节 本书的创新点、不足与下一步计划

一、本书的创新点

（一）研究视角的创新

对知识产权保护和生产性服务业高端延伸的关系进行全面具体的研究，不仅基于“创新激励”视角深入探究知识产权保护与生产性服务业高端延伸的内在关联，而且利用相关数据实证检验知识产权保护推动生产性服务业内部结构升级、出口结构优化和价值链地位提升的效应，丰富有关产权保护理论与产业升级关系方面的研究。

（二）研究内容的创新

第一，深化了对知识产权保护制度改革的认识，理清了知识产权保护制度对生产性服务业内部结构升级的空间传导机制，进一步提出了创新资源引导作用下促进生产性服务业内部结构升级的知识产权保护制度优化建议。第二，深入探析知识产权保护对生产性服务业出口结构的影响机制，已有研究更多从服务业出口量的角度出发，但当前阶段如何在保持我国服务出口量的基础上更好地优化其出口结构意义更大。第三，识别了“知识产权保护”这一制度因素对一国服务业价值链分工地位的影响，且利用向量自回归模型解释了知识产权保护对我国生产性服务行业内在性变化的长短期冲击作用，并提出进一步构建有利于我国生产性服务业价值链地位提升的最优知识产权保护制度思路。

（三）研究方法的创新

综合利用包括复杂网络模型、门槛回归模型、向量自回归模型等在内的诸多科学、较为前沿的研究方法，比较系统地考察地区、行业和国家三个层面知识产

权保护强度与生产性服务业高端延伸的指标体系，描述两者发展特征及其演化趋势，检验知识产权保护对生产性服务业高端延伸的影响效应。

二、存在问题和需改进之处

本书的研究为进一步优化知识产权保护制度体系，探索知识产权保护促进生产性服务业高端延伸的作用机制与实现途径具有积极的作用，但也存在以下需要进一步完善和深化的地方。第一，知识产权保护政策实施的过程中，其对生产性服务业的激励效应会受到地区差异和外部经济环境的影响，激励效应和作用机制有什么异同，仍需根据实际情况进一步深入考察。第二，知识产权保护对生产性服务业产生激励效应的影响渠道应是多方面的，是否存在其他本书未考虑到的作用渠道，仍需从理论角度进行挖掘和深入探索。第三，知识产权保护对于生产性服务业的激励效应必然是多维度的动态影响，受限于时间因素的影响，长期内关知识产权保护促进生产性服务业高端延伸的激励效应有待于进一步深入考证。

三、下一步研究计划

本书已有研究主要体现在如下几个方面：（1）知识产权保护制度推动生产性服务业内部结构升级效应研究；（2）知识产权保护影响生产性服务业出口结构优化研究；（3）知识产权保护推动生产性服务业全球价值链升级效应研究；（4）优化知识产权保护制度体系促进我国生产性服务业价值链高端延伸的政策建议。本书接下来的研究主要体现在如下三个方面：

第一，知识产权保护激励对生产性服务业企业投资的影响。本部分重点考察知识产权保护对生产性服务业资本配置效率的影响，包括对投资、投资增长率、资本回报率、资本配置效率的影响。重点考察知识产权保护对生产性服务业企业投资结构的影响，包括产业结构、行业结构及投资的期限结构。

第二，知识产权保护激励对制造业高质量发展的影响。生产性服务业从制造业中分离出来后始终呈现出融合与互动的发展关系，生产性服务业的高质量发展能够推动制造业的高质量发展，反过来制造业的高质量发展也能够带动生产性服务业的高质量发展，因此生产性服务业与制造业的互动融合也被视为当前产业优化升级的重要因素。本部分根据生产性服务业和制造业的联动关系，进一步考察知识产权保护对制造业高质量的发展的激励效应，包括对制造业的分工效应、技术创新效应。

第三，基于产业发展视角知识产权保护的改革效应。本部分的研究重点是着眼长远，从生产性服务业和制造业产业发展的视角去考量今后进一步深化知识产权保护制度优化，完善知识产权保护法律体系，构建现代知识产权保护制度的发展方向，具体包括以下两个方面：（1）产业结构发展与知识产权保护制度改革；（2）从地方政府行为的角度进一步考察知识产权保护与地区产业发展的关系，为知识产权保护政策的执行提供借鉴依据。

第二章　研究综述与评价

生产性服务业是指直接或间接为工业生产过程提供中间服务的产业，《国民经济和社会发展第十一个五年规划纲要》将其分为交通运输业、现代物流业、金融服务业、信息服务业和商务服务业。“十四五”期间，从生产型制造为主向服务型制造为主转变的大趋势，要求我们必须把握增长、转型与改革的主动权，适应并引领经济新常态，尽快形成以研发、设计、金融、物流、营销等为代表的现代生产性服务业为主体的产业结构（夏杰长，2022）。在促进生产性服务业企业技术创新的众多因素中，知识产权保护是重要的制度性因素（Hipp，2006），知识产权保护是以优化创新资源配置、推动产业内技术结构改善为核心，推动生产性服务业内部结构调整（李沛珊，2017；唐保庆，2018），在吸引跨国技术流入，催化产品内分工和促进高端产品精细化生产的基础上，进一步促进其出口结构优化（Maskus，2008；祝树金等，2017；周游和谭光荣，2021）。为全面考知识产权保护对促进生产性服务业高端延伸的政策效果和作用机制，近年来，国内外学者主要围绕四个方面进行了深入研究。

第一节　知识产权保护对生产性服务业内部结构的影响研究

从知识产权保护的视角来研究如何推动服务业内部结构优化的研究中，最早见于对高技术服务业技术革新与知识产权保护之间关系的论述（Sieghart，1982），由于知识密集型服务业具有高技术和高附加值的典型特征，思维和创意是服务业的核心要素，因此经济学家认为知识产权保护制度是推动高层次服务业企业研发和创新的关键性制度（唐保庆和高凯，2021）。技术含量越高的服务业越需要知识产权保护法律的支持（Miles et. al.，2000；Hipp & Grupp，2005），但服务业的知识产权包含专利、版权和商标等，不同的知识产权保护形式对不同类型的服务业技术创新的作用存在明显差异，寻求与知识密集型服务业相匹配的知识产权保护方式才能有效发挥创新保护的作用（Blackburn，2003），这也得到了 Paallysaho & Kuusisto（2008）和 Leenheer（2010）的证实。

随着研究的不断深入，一些学者将研究视角拓展到知识产权保护对服务业内部结构升级效应，Sweet（2015）、李士梅和尹希文（2018）认为加强知识产权保护一方面有利于强化服务业企业创新保护，促进服务业企业产品结构优化，另一方面也将扩大创新企业走出去的先动优势，提高其出口竞争实力。提高知识密集型服务产品的企业发展动力来自创新，若得到知识产权保护制度的支持，知识密集型服务业的发展速度将明显高于传统服务业，进而推动服务业内结构升级（Maskus，2008；周荣军，2020；周游和谭光荣，2021）。

对于知识产权保护制度对服务业内部结构升级的效应，学术界观点大致经历了三个阶段的演化：第一阶段观点认为，加强知识产权保护有助于激励服务业领域的创新，改善创新资源的优化配置，进而推动服务业内部结构升级（Kitching et. al.，2003）。如 Gallouj（2002）、Kitching & Blackburn（2003）、Blind（2004）、Hua & Chen（2011）、偏静静（2017）、杨慧芳（2017）均认为知识产权保护制度因素是服务业发展的新动能，不仅有利于扩大服务业的发展规模，也有助于激励知识密集型服务业技术创新。随着服务经济学领域数据库的不断完备，借助于经验检验的量化研究开始涌现。如 Cohen et al.（2002）基于 593 家日本企业和 826 家美国企业、Jandhyala（2013）就 17 个国家 152 家企业、Iwaisako（2013）对印度尼西亚服务业的研究表明知识产权保护措施能够显著推动技术服务业增长，促进了服务业内部结构优化。此外，部分研究聚焦于服务业企业微观主体如何通过实施知识产权保护措施来促进创新和内部结构升级。如

Chu（2019）、周荣军（2020）指出企业内部资源的控制、与客户之间的契约关系以及知识创新的实施是三种重要的知识产权保护措施，对于服务业的创新与内部结构升级具有关键的促进作用。而综合利用不同方式的知识产权保护措施比单一知识产权保护方式更加能够激发高层次服务业创新（Hall et al.，2015）。第二阶段观点认为，知识产权保护会通过市场势力效应对本土服务业创新产生抑制作用，进而不利于服务业内部结构升级（Boldrin et al.，2008；Hahanov，2011）。过强的知识产权保护会遏制服务业的潜在企业加入市场竞争中，在客观上抑制了服务业领域的技术创新，不利于高层次服务业市场规模的扩大（Walker，2004，Smith et al.，2005；唐宝庆等，2018），这与运用芬兰和英国的300家知识密集型服务业企业进行实证的研究结论完全相同（Paallysaho & Kuusisto，2008）。第三阶段的观点认为，知识产权保护作用于服务业内部结构升级存在截然相反的传递机制，必须寻求适宜强度（或“最适强度”）的知识产权保护才能够推动高层次服务业创新（Blind et al.，2010）。一国服务业创新效率存在最适度的知识产权保护，过强和过弱的知识产权保护都不利于服务业增长，恰当的知识产权保护强度应当取决于创新者收益、消费者权益以及竞争者技术进步三者之间的平衡（Scotchmer，2004），知识产权保护促进知识密集型服务业增长的“净效应”会随着知识产权保护强度的不同而不同，适宜强度的知识产权保护有利于知识密集型服务业部门的技术扩散和规模扩大（Blind et al.，2010；Mate et al.，2016）。知识产权保护对我国服务业结构优化产生了显著的促进作用，并且存在理论上的知识产权保护“最适强度”（唐保庆等，2018）。

上述研究大多建立在双边框架基础之上，忽略了各地区服务业内部结构变化的空间相关性，从区域角度看，中国各地区间的知识传播过程中伴随着技术外溢（徐清，2013；曹薇等，2019），各地区知识产权保护强度的不同会导致知识密集型服务业发展存在空间差异。因此，近期研究中，部分学者将研究转向服务业发展的空间关联视角，如Halbert（2012）、霍鹏和魏修建（2019）、宣烨等（2019）、张虎和韩爱华（2018）等的相关研究。

综上，这些研究为辩证地看待知识产权保护对服务业内部结构升级的影响提供了有力证据，也预示着需要更加深入地研究知识产权保护对服务业内部结构影响的内在机制。

第二节　知识产权保护对生产性服务业出口结构的影响研究

知识产权保护具有提高模仿成本、激励创新的作用，对一国服务业出口结构的影响主要体现在两方面。首先，知识产权保护将抑制东道国模仿活动，提高高层次中间投入品进口，有助于东道国企业参与复杂度较高的生产环节（施炳展等，2020），不尽能通过技术溢出效应提升东道国出口产品质量（郑长云，2017），而且有助于改善东道国公平竞争环境，激励本土企业自主创新，提升地区出口技术复杂度（Hudson & Minea，2013；杨林燕等，2022；常志有等，2022）。服务业发展的一个显著趋势是知识密集型服务业速度远远快于非知识密集型的传统服务业发展，发达国家和发展中国家在知识密集型服务业中展开激烈竞争，出口更多高复杂度的产品的国家可以实现更快的经济增长（Hansman et al.，2007）。由于发展中国家提升产品质量的一个重要途径之一就是模仿发达国家的先进生产技术，因而许多国内外文献关注了发展中国家知识产权保护强度对其自身出口技术进步的影响。发展中国家知识产权保护水平低下不仅会导致发达国家的FDI撤资回迁本国（Helpman，1993），而且提高了南方国家的模仿难度，降低了南方国家出口产品质量（Glass et al.，2002）。国内文献关于知识产权保护对服务业出口质量的影响效应研究较少，主要关注的是知识产权保护水平影响制造业升级和出口产品质量方面的研究（柒江艺等，2012；林秀梅和孙海波，2016）。

另一方面，知识产权保护能激励创新活动，降低创新风险（Hudson & Minea，2013；唐保庆，2014；方杰炜和施炳展，2022），具有创新能力的企业会加大产品创新、工艺创新和技术创新的投入，促进了生产能力的提高及高新技术产品的出口（Branstetter & Saggi，2011；Tanaka & Iwaisako，2014），从而优化出口产品的结构（Maskus & Yang，2013；黄先海等，2016）。知识产权保护也可通过影响服务业出口扩展边际影响出口结构，且出口目的国知识产权保护水平的提高，对我国出口扩展边际有正效应（Ghosh & Ishikawa，2013；杨林燕和王俊，2015；黄先海等，2016），但不利于集约边际增长（余长林，2015；2016）。此外，技术许可是知识产权保护影响出口结构的另一途径，与技术创新相比，对于知识产权的申请以及引用是直接有效保护，这可让发展中国家提高自身对于知识产权保护力度，诱发了更多的技术转移和扩散（Branstetter et al.，2011），从而增加了知识存量，促进了生产能力的提高及高新技术产品的出口，改善了出口商品结构（曹秋菊和黄佳慧，2016）。相比于传统劳动密集型行业，知识密集型行业对知识产权的垄断性占有是更为有效的排他性战略（Javorcik，2004；Nabokin，2014；沈国兵和张学建，2018）。而且，对出口创新产品的激励性保护会促使更多优质资源朝该行业聚集，提高一国出口产品的竞争力，优化出口商品的结构（祝树金等，2017；顾晓燕等，2020）。

第三节　知识产权保护对生产性服务业全球价值链地位的影响研究

价值链理论由波特首次提出，在价值链中生产性服务业占据着重要的地位，对整个价值链的结构改善和升级起到了重要的作用。价值链是串联生产各环节的系统链条。牛蕊和郭凯頔（2018）提出价值分工已经逐步取代传统国家专业分工。生产性服务作为货物生产或其他服务的中间投入，其包括上游的活动（如研发）和下游的活动（如市场）。相较于生产性服务，上游服务涵盖的行业范围更窄，行业层级更高，其在知识、技术等高级生产要素方面的要求更多。换言之，上游服务业通常集聚了诸如可行性研究、产品与技术研发、风险资本研究等知识技术密集型生产服务业。席卫群（2012）认为这些知识技术密集型生产服务业既是重要产业和制造业的黏合剂，也是生产性服务业自身的强劲动力，同时指出我国的生产性服务业研发投入存在研发费用投入不足、风险投资比例低、研发人员薄弱等问题。顾国达和周蕾（2010）发现我国绝大多数生产性服务业还未完全融入全球价值链中，参与垂直专业化国际分工的水平还较低。王兴莲（2011）认为构建生产性服务业与制造业之间良好的融合平台和发展环境，有利于地方产业集群沿全球价值链升级。龚静和尹忠明（2018）利用世界投入产出表和全球价值链中的上游度指数测算方法，发现中国生产性服务业的国际竞争力较弱。唐宜红、张鹏杨（2018）通过对价值链位置和变动机制的研究发现外资的引进、企业全要素生产率和进出口的国别差异都将成为企业全球价值链转型发展的重要原因。在价值链的衡量指标上，盛斌和陈帅（2016）提出用出口国内附加值率（DVAR）来衡量各国企业的真实贸易利得和国际分工地位。在产品层面，Flam & Helpman（1987）的研究指出企业的出口产品质量与全球价值链地位息息相关。罗军（2019）发现生产性服务进口促进了制造业在全球价值链中的产品升级，并且不同类型的进口贸易所带来的升级模式存在明显差异。韩超和桑瑞聪（2018）、祝树金等（2019）的研究也表明提升企业的产品质量有助于企业国际地位的提升。因此，出口国内附加值率和出口产品质量水平是一国企业全球价值链地位的有效衡量。

汪建新（2015）认为一直以来中国凭借"人口红利"等低成本优势逐渐成为国际制造大基地，这种低端要素嵌入也使得中国制造业企业受到跨国公司的控制和挤压进而被低端锁定，位于价值链的低端环节，并且获益有限。路红艳（2009）在我国制造业转型停滞不前的严峻事态之下，提出若想实现制造业的结构转型必须充分认识到生产性服务业在全球价值链分工中的地位和重要作用。在企业参与国际分工的形式选择方面，早期的邓宁国际生产折中范式基于交易成本理论阐述了企业国际化模式的选择机制，认为企业最优国际化模式取决于企业的所有权优势、区位优势和内部化优势的组合（Dunning，1981）。随着异质性企业理论的兴起，出现了大量文献从企业（外生的）生产率的视角研究企业参与全球价值链分工的决定因素（Melitz，2003；Helpman et al.，2004），这类研究的主要观点是只有生产率较高的企业才能出口和对外投资，生产率水平一般的企业在国内市场销售，而生产率低的企业将会被淘汰出市场。当前产品内分工已经成为国际分工的主要形态，跨国公司参与国际生产分工的地位与知识产权保护密切相关（余骁和郭志芳，2017；杨珍增和刘晶，2018）。东道国知识产权制度改革对跨国公司中间离岸外包具有显著的促进作用，而且这种作用在高专利密度行业更为明显，而对低专利密度行业的跨国公司几乎没有影响（Canals et al.，2014），且知识产权保护提升能够促进跨国公司将更多生产环节转移至东道国，降低东道国的垂直专业化比率（杨珍增，2016）。随着全球价值链分工的日益深化，对知识产权的控制已成为价值链治理者持续获取产品内分工利益和阻碍发展中国家产业升级的有力武器，国际竞争进入了一个崭巧的阶段。在这一个崭新的阶段，国际竞争成的实质已经变成基于知识产权的国际竞争（盛世豪和袁涌波，2008）。跨国公司利用已有的知识产权优势，在全球范围内进行生产要素的资源巧置，掌控了全球价值链分工的核心竞争力（Philip，2005）。加强知识产权保护一方面有利于发达国家的技术溢出和转移，而技术转移和溢出效应的大小会受到东道国的吸收能力及自身创新水平的影响（靳巧花和严太华，2017）。另一方面，知识产权保护也导致发展中国家需要支付高额的技术许可和引进费用，进一步降低了资本积累水平，不利于其后发赶超（Philip，2005；张建忠和刘志彪，2011）。

在全球价值链中，发展中国家处于“被俘获”的地位，而当发展中国家想要赶超，发达国家则会通过“围追堵截”等策略来阻挠（刘志彪，2014），发展中国家可以通过加强知识产权保护吸引更多全球价值链“链主”到本国投资，但过强的知识产权保护会产生高昂的技术引进费用，进而侵蚀到代工企业长期积累的利润基础，从而导致低端代工者陷入“赶超陷阱”（顾振华和沈瑶，2015）。因此，加强知识产权保护是一把“双刃剑”，发展中国家要处理好知识产权保护与价值链攀升之间的关系（余长林和王瑞芳，2009；丁文君，2014；罗健，2017）。知识产权保护对于提升发展中价值链地位的作用非常重要（杨珍增，2014），且随着东道国的知识产权保护水平的提升，跨国公司面临的威胁程度降低，从而促使跨国公司将更核心的生产流程安排在发展中国家（Bilir，2014；Nabokin，2014），提升了发展中国家的国内增加值比重，进一步提升其在价值链分工上的地位。发达国家和发展中国家在知识产权保护制度上确实存在差异，并且知识产权水平与国家或者地区的经济实力呈现着显著的正相关性（左宗文，2015）。当发展中国家制定较为完善的知识产权保护水平的时候，跨国公司更倾向于将更复杂的技术转移到该国家或地区，使得发展中国家能够更好地参与全球价值链分工，切实提升全球价值链的分工地位（Naghavi et al.，2015；Ivus 等，2016a，2016b）。因此，提高知识产权保护水平、加大对知识产权保护的执法力度能够一定程度上解决发展中国家服务业全球价值链参与度提升却仍处于价值链初级阶段这一问题（吴超鹏和唐菂，2016）。我国积极参与全球价值链分工，并成为名副其实的“世界工厂”。但是，由于知识产权保护缺失等原因，我国企业对高端技术的研发与投入缺乏足够激励，我国仍然处于全球价值链的低端技术环节（吕越和吕云龙，2018），虽然我国和其他新兴市场经济体吸引了大量外国直接投资到高科技制造行业，但由于知识产权保护度较低，只能吸引跨国公司投资于高科技行业的低端生产环节（李俊青和苗二森，2018）。

生产性服务业已经追随全球价值链跨越国界分布在全球各地，利用知识产权保护制度促进我国生产性服务业上游的研发、设计等行业发展，对降低服务业被低端锁定风险，提升其在全球价值链分工中的地位至关重要（李沛珊，2017）。

第四节　生产性服务业高端延伸的其他影响因素研究

知识产权保护对生产性服务业高端延伸的作用效果还受其他重要因素的影响，主要包含经济性因素、社会性因素、政府制度性因素三大类。

一、经济性因素的影响

张超和郑长娟（2018）、杨玲（2017）、Lin（2006）等认为，经济因素是生产性服务业高端延伸的关键因素。相关研究集中在经济增长、制造业发展、交通条件、人力资本、外商直接投资等方面。夏杰长（2008）、肖国安和张志彬（2012）、Messinis（2013）认为经济增长是影响生产性服务业高端延伸的主要因素，工业对生产性服务业的需求占据了主导地位（刘纯彬和杨仁，2013），但当前工业市场化对生产性服务业的积极作用存在区域差异（熊凌云等，2015；邵展翅，2014；钟韵和邹云龙，2016）。制造业发展对生产系服务业高端延伸的影响日渐深化，研究主要从制造业需求角度（江小涓和李辉，2004、Francois et al.，

2008；唐晓华和张欣钰，2016），供给侧角度（Eswaran & Kotwal，2002；Restuccia et al.，2008；王久第，2018），产业互动角度（Preissl，2007；Francois & Hoekman，2010；鲁朝云，2018），产业融合论角度（Goe，2002；顾乃华等，2006；Eberts & Randall，2010；Goldhar et al.，2013；戴翔，2016；唐晓华等，2018；高月媚，2018）展开分析。新经济地理学理论认为产品的运输成本与运输条件密切相关，对于生产性服务业而言，运输成本是决定其边界延伸的重要因素，交通条件改善产生的正外部性提升了生产性服务业的技术效率（覃成林和杨晴晴，2017；张家榕，2018；张改平等，2018），邻近地区交通设施改善可以实现“时空压缩”和“经济黏合”，对生产性服务业发展产生了显著的空间溢出效应（Riddle，1989；蒋荷新，2017）。此外人力资本（Uwe Walz，1997；Aiyar and Feyrer ，2002；张自然，2009；白俊红，2016；隆艳平，2017；李伟，2018）和外商直接投资（李秉强，2013；Robbins，2013；张键，2015；李丹，2018）在生产性服务业高端延伸中也扮演着非常重要的角色。

二、社会性因素的影响

张爱琴（2013）、彭本红等（2014）认为社会性因素也是影响生产性服务业高端延伸的重要方面。相关研究集中在社会资本、人口结构与城市化等方面。关系投资作为社会投资的重要组成部分收到学术界和企业界的广泛关注（Luo & Chen，1997；邹国庆，2010），关系投资总体上促进了我国研发服务企业的利润率（陈艳莹等，2017）。宏观层面，社会资本对生产性服务业集聚区的影响存在明显的“局域俱乐部集团效应”（Kamhon et al.，2007；Andrea et al.，2009；Byoun，2014），外部社会资本对企业绩效的影响要大于内部社会资本的影响（尚晓芳，2015），因此，应进一步放宽市场准入，减少前置审批和资质认定著作，鼓励社会资本参与发展生产性服务业（李克强，2014）。人口结构对生产性服务业的影响主要体现在适龄劳动力和人口老龄化视角，中年劳动力的增加对生产率的促进作用最大，而人口年龄老化不利于全要素生产率的提升（Ilmakunnas et al.，2004），人口老龄化将改变劳动力资源禀赋，对我国生产型服务业的生产效率产生显著的负向影响（唐荣和顾乃华，2017；张超等，2018）。生产性服务业发展属于典型的城市产业，其发展是以城镇化为载体和依托（朱万春，2017；敬然和葛芷崴，2017），我国城市化进程强化了制造业企业内部研发、设计和营销环节，显著促进了生产性服务业的技术进步（郭良凯等，2011；汪洋等，2016；谢朝阳，2018）。

三、政府制度性因素的影响

在政府主导的产业结构调整模式下，中央和地方政府的政策制度设计对生产性服务业高端延伸产生重要影响。相关研究集中在市场准入、环境规制、政治激励、财税制度方面。胡雪梅（2001）、Kappeler et al.（2008）、石士钧（2012）、Ligthart et al.（2015）、张帅（2017）等均认为，适度的市场准入制度可以提高生产性服务业的整体水平，从而对生产性服务业内部结构优化产生积极影响，但我国当前的服务业开放水平仍较低，大力提升其对外开放度迫在眉睫（姚战琪，2018；2019）。从环境规制视角看，其对不同发展程度国家服务业参与全球价值链的影响程度不同（刘岑婕，2015；谢波等，2018），长期看严格的国内环境规制也将导致国内生产对国际中间产品的路径依赖（谢锐和刘岑婕，2015），因此环境规制对企业技术创新的影响存在双面效应（傅京燕和李丽莎，2010；刘岑婕，2015；谢波等，2018）。此外，研究发现政治激励和财税制度也是影响生产性服务业高端延伸的重要制度因素。官员“晋升锦标赛”激励制度是影响企业技术效率的重要因素（周黎安，2007；Weingast，2014；邹芳，2017），简政放权总体上有助于我国计划单列市经济效率的提高（史宇鹏和周黎安，2007；许和连等，2018）。地方官员的政治晋升竞争是导致我国服务业产业同构的重要原因（李雨珣，2011），且服务业中非国有经济的比重越大，服务业的技术效率就会越高（刘中艳，2013；邢彦和张慧颖，2017）。在生产性服务业中，各细分行业的税收负担存在较大差距，现行财税政策整体上较为有力地促进了部分生产性服务业的技术效率（杨仁发和李娜娜，2015），因此，要建立以税收体系为主导、以财政专项补贴以及优惠政策为辅助的财税政策体系，并以财税政策带动其他生产力要素的流动，优化支持生产性服务业发展的财税政策环境（邹芳，2017；周游，2018）。

第五节　文献评述

总体来看，现有文献已充分关注知识产权保护制度对生产性服务业发展影响的重点，但由于研究路径和计量方法的不同，学者们对于知识产权保护制度与生产性服务业发展的相关研究尚未获得一致论断。近期研究中，很多学者开始从行业角度、空间角度、企业角度等寻求知识产权保护制度影响生产性服务业发展的最新证据，并涌现出促进论、抑制论、条件论和结构论等不同结论。虽有上述文献从不同角度解释了知识产权保护对生产性服务业发展的影响机制，但也存在一些局限：第一，大多数文献将视角投向知识产权保护对生产性服务业规模层面的影响，匮乏对生产性服务业“内部结构升级”“出口结构优化”和“价值链地位提升”等技术层面的研究。对我国而言，如何提高生产性服务业技术含量，促进生产性服务业高端延伸更为重要。第二，仅有具体案例分析，缺乏知识产权保护对生产性服务业升级的影响机制研究；第三，现有知识产权保护与生产性服务业的研究多以关系式检验、影响方向判断为主，但对于如何优化区域、行业和国家层面知识产权保护制度推进生产性服务业高端延伸的政策体系，缺乏系统深入的对策研究和路径设计。鉴于此，本书接下来将重点分析知识产权保护形成的产业结构升级效应、出口结构优化效应和价值链地位提升效应等对我国生产性服务业高端延伸的影响机制，探索优化地区、行业和国家三个层面知识产权保护制度推动生产性服务业高端延伸的方法及实现途径。

第三章　中国知识产权专利申请与区域生产性服务业发展概述

鉴于数据的可得性和连续性，本章将首先简要阐述我国知识产权的保护现状，然后基于1996—2015年全球62国往来专利申请数据，分四个阶段构建了全球知识产权申请完全网络，并从中提取顶层排名网络（Top1网络），在此基础上探究了全球知识产权申请的社群结构及中国知识产权专利申请的地位。其三，以我国2003—2021年省级层面知识密集型服务业就业人数为样本，探究了我国地方知识密集型服务业发展的空间关联关系，并进一步采用复杂网络和QAP方法分析了各地区知识密集型服务业发展的空间关联特征和影响因素。最后，从规模、行业分布、区域分布等方面具体分析我国生产性服务业出口的现状和问题。

第一节　我国知识产权的保护现状

知识产权是指人类智力劳动产生的智力劳动成果所有权。通俗来讲就是指在不抄袭的前提，公民通过自身的辛劳付出，用自身的智力劳动生产出某种成果后，公民拥有这项成果的所有权利。这种权利是一种独占权利，并且有一定的期限，期限长短由各国法律的规定不同而有所不同，在期限内，他人无权在未征得成果人的同意下使用该项成果，但若超过法律保护的期限，便可以任意使用该项成果。一般认为它包括著作权（版权）和工业产权。

知识产权保护在狭义上通常被定义为通过司法和行政执法来保护知识产权的

行为。一方面，这种狭义上的定义并没有包含知识产权保护所涉及的所有内容，有很大程度的局限性；另一方面，这种保护只局限于司法与行政执法，并不能使知识产权得到有效的保护。因此将狭义上的知识产权保护的定义拓展到广义层面的知识产权保护就显得很有必要。

知识产权保护在广义上通常是指在根据国家颁布的法律法规的指导下，对各种尚未构成侵犯知识产权的行为进行遏制并对各种已经构成侵犯知识产权的行为进行打击的所有行为的总称。如此可见这种更系统的广义知识产权保护相比狭义的知识产权保护要更加能真实有效地反映知识产权保护所涉及的所有内容。

目前，中国的知识产权保护法律体系主要由法律、行政法规和部门规章这三个部分组成。为了构建符合我国情况的知识产权保护体系，我国已经积极研究制定和修正了有关知识产权保护的新法律和法规，例如 2005 年 3 月 1 日开始施行的《著作权集体管理条例》、2008 年修正《专利法》、2019 修正《商标法》等。

以下是中国从 1990 年到 2019 年的国内专利申请授权年度状况的统计表和折线图，如表 3.1 和图 3.1，数据均来源于国家知识产权局。

由表 3.1 可知，我国国内的专利年度申请授权量从 1990 年的 19 304 件增加到了 2019 年的 2 474 406 件，增长了 127.18 倍。可见从 1990 年到 2019 年这 30 年内我国居民的知识产权保护意识正在逐步提高。从图 3.1 可知，我国从 1990 年到 2019 年国内专利年度申请授权量可以分为三个阶段。第一阶段为 1990 年到 2002 年的缓慢增长期，申请授权量由 19 304 件增加到了 112 103 件。但这段时间我国的国内专利年度申请授权量较少，特别是 1990 年和 1998 年，都没有突破 9 万件。虽然 1999 年到 2002 年，均突破了 9 万件，但只有 2002 年这一年突破 10 万件，申请授权量为 112 103 件，所以仍处于缓慢增长阶段。这可能与 1990 年到 2002 年的这段时间内，我国相关的法律法规不是很健全有关；第二阶段为 2002 年到 2014 年的快速增长期，这段时间的我国国内专利申请授权量的增长速度明显有所提升，由 2002 年的 112 103 件增加到 2015 年的 1 209 402 件，增长 9.79 倍。并于 2012 年首次突破了 100 万件，申请授权量达到了 1 163 226 件，创下了历史新高；第三阶段为 2014 年到 2019 年的高速增长期，由 2014 年的 1 209 402 件增长到了 2019 年的 2 474 406 件，增长了 1.05 倍。其中，2018 年首次突破了 200 万件，申请授权量达到了 2 335 411 件，创下另一历史新高。这说明相比于 1990 年到 2003 而言，在 2004 年到 2019 年这段时间内，我国居民的知识产权保护意识得到了很大的提升，有关知识产权保护的法律法规也更加完善。

表 **3.1**　**2010—2019** 年我国国内专利年度申请授权量（单位：件）

年份	专利申请授权量	年份	专利申请授权量
1990	19 304	2005	171 619
1991	21 178	2006	223 860
1992	28 311	2007	301 632
1993	56 882	2008	352 406
1994	39 777	2009	501 786
1995	41 248	2010	740 620
1996	39 725	2011	883 861
1997	46 391	2012	1 163 226
1998	61 381	2013	1 228 413
1999	92 112	2014	1 209 402
2000	95 236	2015	1 596 977
2001	99 278	2016	1 628 881
2002	112 103	2017	1 720 828
2003	149 588	2018	2 335 411
2004	151 328	2019	2 474 406

资料来源：国家知识产权局 www. cnipa. gov. cn.

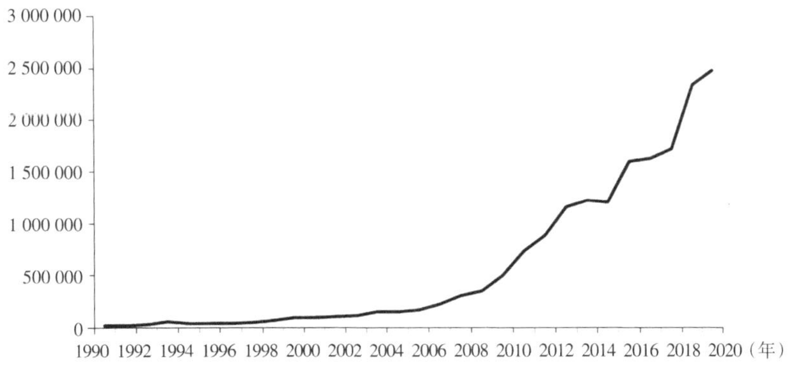

图 3.1　1990—2019 年我国国内专利年度申请授权量

第二节 全球知识产权专利申请网络与中国知识产权专利申请地位

创新作为中国经济转型升级的重要战略一直备受关注，而自党的二十大报告对加快实施创新驱动发展战略作出重要部署以来，创新能力的提高被摆在了国家发展全局的核心位置。跨国专利申请作为创新能力的重要体现，不仅促进了国际技术创新的提升、转移和扩散，也有助于全球知识产权申请保护制度的完善和生产效率的提高，从而为社会和经济发展带来福利。因此，国内外学者从信息共享、技术外溢、激励创新等多角度分析了跨国专利申请的社会效应，并结合知识产权与东道国创新能力、FDI 技术溢出和出口产品质量等进行了深入研究，但这些研究大多基于某一国的时间序列数据或少数国家的面板数据进行多元回归分析，并不能全面反映经济全球化背景下技术创新活动关系的错综复杂性。对全球知识产权申请的分布结构的研究有助于揭示全球知识产权申请的地理分布和演化过程，进而对个体国家技术创新能力的地位和影响力进行界定和定位。这需要寻找一种专门分析网络整体结构特征和个体独特性的方法以全面反映全球知识产权申请网络的关系结构，而复杂网络分析方法恰恰能从“关系”角度，从全局高度分析社会网络变量的拓扑特征和变化趋势。

复杂网络来源于网络科学中的图论，是一种描述网络变量节点和节点连接关系及连接信息复杂性的动态网络。随着计算机技术和仿真的快速发展，复杂网络中的大量数据能够被精确地、大规模地记录。复杂网络实证方法强调分析整体网络的小世界性和无标度性，通过分析复杂网络结构参量重点研究整体网的性质和网络动力学。随着经济全球化进程的不断加快和各国知识产权保护制度的不断完善，跨国公司境外专利申请日益频繁，呈现出复杂的网络化发展趋势。通过分析该网络的结构特征有助于反映全球知识产权申请的具体动态和演化过程，并体现网络个体节点的连接关系和地位变化。

本节基于 1996—2015 年全球 62 国往来专利申请数据，分四个阶段构建了全球知识产权申请完全网络，并从中提取顶层排名网络（Top1 网络），在此基础上探究了全球知识产权申请的社群结构及演化趋势。

一、数据和方法

（一）全球跨国专利申请的完全网络

本节跨国专利申请数据来自世界知识产权组织（WIPO）官方网站。该数据库公布了 1980—2015 年全球 200 个跨国专利申请国（地区）和 84 个跨境专利引用国（地区）的数据。考虑数据的连续性和完整性，最终选取 62 国作为样本，并分为 1996—2000、2001—2005、2006—2010、2011—2015 四个阶段进行分析。1996—2015 年样本数据涵盖跨国专利申请数 5 430 159 项，占同期全球跨国专利申请总数（5 663 276 项）的 95.884%。本节旨在研究全球跨国专利申请的网络特征，因此需对全球跨国专利申请的原始数据进行处理，使其变成 62×62 的赋权矩阵，权值为相应国家间专利申请的数量。

复杂网络系统分析中往往包含多个节点，每个节点在网络中扮演了不同的角色，同时也会对整个系统产生影响。如果只考虑“量”而不考虑“联系”，将忽略度数较小的节点在连接复杂网络不同社群所发挥的重要桥梁作用，从而无法体现这些节点国家在社群中的地位。基于物理和社会研究领域中描述重要元素间复杂关系的拓扑图思路，将全球 62 个跨国专利申请国作为网络节点，分析全球跨国专利申请的拓扑特征和社群演化。

本章定义完整跨国专利申请网络（CIPN）具有权重性，有向网络为 $P^t=\{w_{ij}^t\}_{N\times N}$，其中，$P^t$ 代表矩阵，t 代表年份，N 代表国家，w_{ij}^t 代表第 t 年 i 国在 j 国的专利申请数量。相应地，本章定义全球跨国专利申请网的无权网络也为有向网络，即 $A^t=\{a_{ij}^t\}_{N\times N}$，其中，$a_{ij}^t=\begin{cases}1, & w_{ij}^t>0\\ 0, & w_{ij}^t=0\end{cases}$，$a_{ij}^t$ 代表第 t 年 i 国在 j 国的专利申请行为的存在性。

需要强调的是，全球跨国专利申请网是一个强调专利跨境申请关系的复杂网络。同静态分析相比，整体网络分析不仅能够清晰描述全球跨国专利申请的综合特征，也能够呈现网络某节点行为的变化如何影响其他节点。

（二）排名网络的顶层结构

全球跨国专利申请整体网络是一个由大量节点连接形成的巨大社群。不同国家跨境专利申请的数量和方向存在较大差异，因此本章将复杂网络中与每个节点国家有关系的其他国家的专利申请或引用数量进行排名，挑选出排名第一的国家组成新的网络，即 Top1 网络。Top1 网络分为 Top1 Destination 网络（简称 Top1D）和 Top1 Origin 网络（简称 Top1O），其中，Top1D 网络描述的是由全球跨国专利申请整体网络中每个节点国家跨境专利申请排名第一的边组成的网路，而 Top1O 网络描述的是由全球跨国专利申请整体网络中每个节点国家跨境专利引用排名第一的边组成的网路。Top1 网络反映的是各个国家与其他国家最顶端交互跨境专利申请的关系（最强连接），而 Top2 网络反映的是各个国家与其他国家排名前两位的交互跨境专利申请关系（最强和第二强的连接），以此类推。

图 3.2 反映的是 2011—2015 年期间全球跨国专利申请整体网络（CIPN）和其 Top1、Top2 网络的拓扑图，该图首先利用 62 个样本国之间交互跨国专利申请数据构建完全网络，然后分别保留每个节点国家跨国专利申请量和引用量最大的边构建 Top1D 和 Top1O 网络，同理，分别保留每个节点国家排名前两位的跨国专利申请量和引用量的边构建 Top2D 和 Top2O 网络。

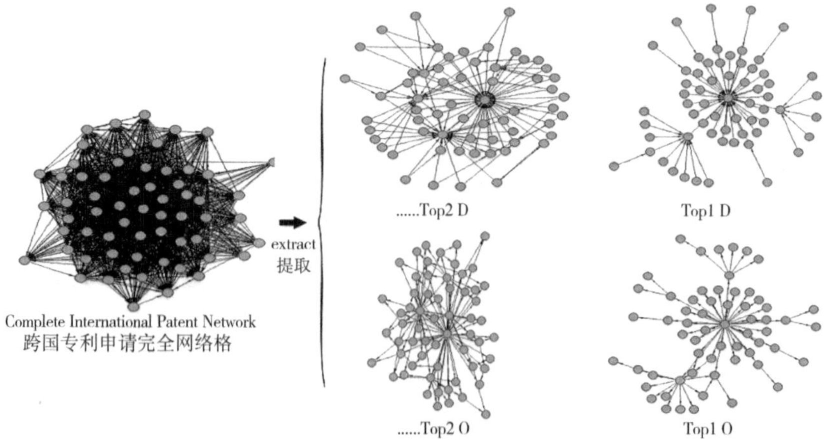

图 3.2　2011—2015 年全球跨国专利申请完全网络及其 Top1、Top2 网络拓扑图

从上述有向加权矩阵 P^t 出发，建立只包含节点国家跨国专利申请量最大的边的 Top1D 网络如下：

$$Top1D^t=\{dw_{ij}^t\}_{N\times N}, \quad dw_{ij}^t=\begin{cases} w_{ij}^t, & w_{ij}^t=\max_j(w_{ij}^t), \\ 0, & otherwise \end{cases} \tag{3-1}$$

式（3-1）中，dw_{ij}^t 是第 t 年 i 国到 j 国申请专利数量的最大值。因此，$Top1D$ 的无权网络可以表示为：

$$Top1AD^t=\{da_{ij}^t\}_{N\times N} \tag{3-2}$$

式（3-2）中的无权矩阵为元素为 0 或 1 的矩阵，对于矩阵中的元素 da_{ij}^t，若 i 国向 j 国的专利申请量最大，则其取值为 1，反之取值为 0。无权网路用于网络密度、聚类系数、变数和出入度的分析，更加注重的是节点关系的存在与否；而加权网络主要用于网络节点出强度和入强度的分析，更关注节点关系强度的差异。

同时，建立只包含节点国家跨国专利引用量最大的边的 Top1O 网络如下：

$$Top1O^t=\{ow_{ij}^t\}_{N\times N}, \quad ow_{ij}^t=\begin{cases} w_{ij}^t, & w_{ij}^t=\max_j(w_{ij}^t), \\ 0, & otherwise \end{cases} \tag{3-3}$$

式（3-3）中，ow_{ij}^t 是第 t 年 i 国到 j 国的专利申请量为 j 国当年跨国专利引用量的最大值。同理，Top1O 的无权网络可以表示为：

$$Top1AO^t=\{oa_{ij}^t\}_{N\times N} \tag{3-4}$$

式（3-4）中的无权矩阵为元素为 0 或 1 的矩阵，对于矩阵中的元素 oa_{ii}^t，若 i 国向 j 国的专利申请量为 j 国当年跨国专利引用量的最大值，则其取值为 1，反之取值为 0。

排名网络的一个显著特点是同时具有出度和入度，在 Top1D 网络中，所有节点的出度都为 1，但节点的入度则可能会大于 1，而在 Top1O 网络中，所有节点的入度都为 1，但节点的出度则可能会大于 1，这意味着全球跨国专利申请 Top1D 网络中一个节点国家对应的专利申请目的国只能有 1 个，但自身却可以同时作为其他几个国家的专利申请目的国，而全球跨国专利申请 Top1O 网络中的每个节点国家只能作为 1 个国家的专利申请目的国，但自身却可以同时作为其他几个国家的专利申请来源国。换言之，如果全球跨国专利申请 Top1D 网络中的某个节点国家不是其他国家的最大专利申请国，则其对应的入度为 0，而全球跨国专利申请 Top1O 网络中的某个节点国家若非其他国家的最大专利引用国，则其对应的出度为 0。跨国专利申请量是一国创新能力的重要体现，而跨国专利引用量则是衡量该国创新环境优劣的关键指标，因此，本章主要利用跨国专利申请 Top1O 网络考察各国创新能力差异和“社群”划分。

统计分析发现，1996—2015 年期间全球跨国专利申请 Top1O 网络所包含的跨国专利申请数为 2 282 699 项，占其完全网络的跨国专利申请量（5 430 159 项）的 42.037%，而 Top2O 网络则涵盖跨国专利申请 3 125 244 项，占其完全网络申请总量的 57.553%，且 1996—2015 年期间 Top1O 和 Top2O 网络所占比例基本保持稳定。Top1O 网络所含样本数据对揭示全球跨国专利申请的特征和社群结构的表征力较强，如在 2011—2015 年期间，Top1O 网络只包含全球跨国专利申请网络中最重要的 61 个连接关系（总共 2 276 个连接关系），但却涵盖了 1 015 688项跨国专利申请（相当于全球跨国专利申请总数 2 312 248 项的 43.926%）。

（三）网络基本统计量

鉴于全球跨国专利边际网络呈现出特殊的拓扑性质，并且许多拓扑特性无法用随机图范式解释，需要选择合适的测度指标对网络的拓扑特性和演化规律进行研究。具体来说，应用最广泛的指标包括网络密度（density，网络“实际关系数”除以“理论上的最大关系数”）和度（ND，与该点有直接关系的点的数目）。在有向网络中，点的度数包括出度（ND_{out}）和入度（ND_{in}）两个方面，总度数 $ND_i = ND_{out} + ND_{in}$，其中，节点 i 的入度是指所有指向节点 i 的边数，而节点 i 的出度是指所有从 i 点指向其他关联节点的边数，入度和出度的计算公式如式(3-5)：

$$ND_{in,i} = \sum_j A_{ji}, ND_{out,i} = \sum_j A_{ij} \tag{3-5}$$

若在节点出度和入度的基础上考虑网络中边的权重，即 i 国到 j 国专利申请的实际数量，则可计算得到节点的出强度（NS_{out}）和入强度（NS_{in}）。

为对比不同时段跨国专利申请 Top1O 网络的特征，同时反应跨国专利申请

Top1O 网络在完全网络中的地位，建立式（3-6）反映 Top1O 网络中涵盖专利申请总数占完全网络中跨国专利申请总数的比重（$pTop1O^t$）的指标：

$$pTop1O^t = \frac{\sum_i \sum_j ow_{ij}^t}{\sum_i \sum_j w_{ij}^t} \tag{3-6}$$

式（3-6）中，ow_{ij}^t 和 w_{ij}^t 分别表示 t 时期跨国专利申请 Top1O 网络和完全网络中某国 i 到某国 j 的专利申请数。

此外，为确定当期网络的所有边数中存在的上一期网络的边数比例，建立如式（3-7）指标：

$$pSE^t = \frac{\sum_i \sum_j (1 \mid a_{ij}^t = a_{ij}^{t-1} = 1)}{\sum_i \sum_j a_{ij}^t} \tag{3-7}$$

$$pSETop1O^t = \frac{\sum_i \sum_j (1 \mid oa_{ij}^t = oa_{ij}^{t-1} = 1)}{\sum_i \sum_j oa_{ij}^t} \tag{3-8}$$

pSE^t 和 $pSETop1O^t$ 主要用于衡量 2001—2020 年期间四个阶段的全球跨国专利申请完全网络和 Top1O 网络中节点关系的稳定性。

（四）社群结构

社团概念源自社会网络分析，在全球跨国专利申请网络中是指团体内部各国往来专利申请联系紧密程度大于团体间各国往来专利申请联系紧密程度的国家集合，可以更为直观反映全球跨国专利申请网络中“派系”的划分。网络社群结构的研究已经有很长的历史，它与计算机科学中的图形分割和社会学中的分级聚类密切相关，常用的测算方法有分裂方法和凝聚方法两类。在所有测算定向加权网络的社群方法中，分裂方法中的 Girvan-Newman（简称 GN）算法是最合适的，GN 算法为区分一个社群的内部边和连接社群之间的边提供了一种有效的度量标准，它的基本思想是首先计算网络中所有边的介数（边介数为网络中经过每条边的最短路径的数量），然后不断地从网络中移除介数（Betweenness）最大的边，直到每个节点就是一个退化的社群为止。

为克服传统 GN 算法对网络社团结构没有量的缺陷，Newman 等（2004）引进了“模块度”来衡量网络划分质量的标准。假设矩阵中对角线上各元素之和为 $Tre = \sum_{i} e_{ij}$，它给出了网络中连接某一个社团内部个节点的边在所有边的数目中所占比例。定义每行（或每列）中各元素之和为 $a_i = \sum_{j} e_{ij}$。它表示与第 i 个社团中的节点相连的边在所有边中所占的比例。在此基础上，用式（3-9）来定义模块度的衡量标准：

$$Q = \sum_{i} (e_{ij} - a_i^2) = Tre - \| e^2 \| \tag{3-9}$$

其中，$\| x \|$ 表示矩阵中所有元素之和。式（3-9）式的物理意义在于：网络中连接两个同种类型的节点的边（即社团内部边）的比例，减去在同一高等社团结构下任意连接这两个节点的边的比例的期望值。如果社团内部边的比例不大于任意连接的期望值，则有 $Q=0$，Q 的上限为 1，而 Q 越接近 1，说明社团结构越明显。

因此，为进一步探究各国创新能力在全球范围内的地位和影响力，本章利用改进的 Girvan-Newman 算法测算全球跨国专利申请 Top1O 网络的社群结构，并对其社群演化趋势进行分析。

二、结果和讨论

（一）全球跨国专利申请完全网络分析

1. 基本指标统计分析

由于跨国专利申请存在网络关系，因此考察其网络特征对理解跨国专利申请的形式至关重要。由表 3.2 可知，虽然 1996—2015 年期间跨国专利申请网络的节点数都为 62，但其边数和密度都呈现明显上升趋势，其中，网络边数从 1996—2000 期间的 1 729 增加到 2011—2015 年期间的 2 276，增加幅度为 31.637%，也就是说，1996—2015 年平均每年有 54 条跨国专利申请关系产生，使得 1996—2000 年期间到 2011—2015 年期间跨国专利申请网络的密度从 0.457 增加到 0.602，同时其网络平均度从 27.887 提高到了 36.710，相应地，网络的平均路径长度则从 1.567 下降到 1.389。此外，从最大入度看，2006—2010 和

2011—2015 年期间达到最大值 61，表明某个节点国家在此期间有 61 国入境申请专利；从最大出度看，1996—2000 年期间的值最大 61，表明某个节点国家在此期间到其他 61 国国家申请专利。其三，1996—2015 年期间全球范围内跨国专利申请数量显著提高，平均强度从 1996—2000 年期间的 14 153.161 项上升到 2011—2015 年期间的 37 294.324 项，2011—2015 年期间最大出强度值达到 613 561项，最大入强度值达到 949 654 项。总体来看，跨国专利申请活动日益频繁，且呈现“集中化”趋势，由于通过跨国专利申请有利于保护申请国知识产权，进而起到增强其国际竞争力的作用，因此创新能力较高的国家往往倾向于大范围地在其他国家申请专利，如 2011—2015 年期间德国在华专利申请总数高达 61 257 项，排名其后的韩国和日本也达到 46 686 和 19 744 项。

表 3.2　全球跨国专利申请完全网络基本指标描述

阶段	1996—2000	2001—2005	2006—2010	2011—2015
节点数	62	62	62	62
边数	1 729	1 949	2 133	2 276
密度	0.457	0.515	0.564	0.602
片区	1	1	1	1
平均路径长度	1.567	1.480	1.427	1.389
聚类系数	0.591	0.636	0.659	0.679
平均度	27.887	31.435	34.403	36.710
最大入度	55	60	61	61
入度方差	97.423	175.923	210.241	268.722
最大出度	61	59	59	58
出度方差	529.423	369.343	299.757	203.335
平均强度	14 153.161	13 979.483	22 156.242	37 294.324
最大入强度	216 506	314 156	207 482	949 654
入强度方差	1.107×10^9	1.732×10^9	2.221×10^9	1.604×10^9
最大出强度	240 678	206 468	439 182	613 561
出强度方差	1.637×10^9	1.103×10^9	3.803×10^9	1.119×10^9
pSE	—	0.921	0.910	0.890

注：pSE 指标的计算见公式（7）。

随机幂律分布网络和随机泊松分布网络的直径存在显著差异，随机幂律分布网络的规模很大而节点间的平均路径非常短，且少数节点的连接性很高而多数节点仅有很少的连接，表 3.2 中不断较小的平均路径长度和逐渐增加聚类系数（从 1996—2000 年期间的 0.591 提高到 2011—2015 年期间的 0.679）表明全球跨国专利申请网络存在明显的“小世界”特征，也说明网络节点国家建立专利申请往来关系的速度较快且存在专利垄断现象。全球化进程的加快和各国知识产权保护制度的完善加强了各国经济和技术交流，也拓展了跨国专利申请的地理空间，多数国家已经意识到提高自主创新能力对增强国际竞争力的战略价值，但“产品未到，专利先行”的知识产权战略使得技术领先国家在跨国专利申请领域具有绝对优势，也导致技术水平较低的边缘国家在自主创新过程中面临重重阻碍。

此外，全球跨国专利申请完全网络中上一期网络边数占比平均值为 90.7%，其中，2001—2005 年期间网络包含了 1996—2000 年期间网络边数的 92.1%，2006—2010 年、2011—2015 年期间则分别包含了上一期间网路边数的 91% 和 89%，这说明全球跨国专利申请网络中的节点关系高度稳定。

2. 节点中心性分析

社会网络中节点中心性分析是评价节点地位和结构位置的重要指标，本章利用中心性分析各国在全球跨国专利申请网络中扮演的角色，旨在探究各国创新能力在全球范围内的地位和影响力。理论上，社会网络分析中度数中心性、中间中心性和接近中心性的分析结果基本一致，因为本章仅测算网络度数中心性。由表 3.3 列出的跨国专利申请网络 1996—2000 年和 2011—2015 年绝对度数中心性前 15 位的国家可知：1996—2000 年期间至 2011—2015 年期间专利申请网络的总度数和点出度基本稳定，但点入度明显增加，这主要是因为全球化会使节点国家在提升自身创新能力的过程中拓宽专利申请合作渠道，从而更多地接受其他国家的专利申请以提升本土创新能力水平。此外，就跨国专利申请的区域分布而言，欧洲国家如英国、德国、法国、意大利、瑞士等具有较高的出度中心性，表明欧洲国家的创新能力领先于全球其他地区；发展中国家如中国、巴西、印度和韩国具有较高的入度中心性，原因可能是跨国公司在这些国家投资日益频繁，它们需通过专利申请的方式加强自主创新成果的保护。就国家分布而言，美国、日本、英国在全球跨国专利申请网络中一直处于核心地位，其跨国专利申请往来国数量处在最高排名；中国在全球跨国专利申请网络的中心地位不断提高，1996—2000年中国同62样本国家中的56个国家建立专利申请往来关系，中心性只排在14位，2011—2015年与中国建立专利申请往来的样本国家数量达到61个，中心性排名与美国、英国、日本、印度等4个国家并列第一。综合中国的网络节点出度和入度数据及排名变化可知，中国在全球跨国专利申请网络中的地位和影响力日益提升。

表3.3　全球跨国专利申请完全网络度数中心性前十五位的国家和地区

1996—2000					2011—2015				
国家	点出度		点入度		国家	点出度		点入度	
美国	美国	61	澳大利亚	55	美国	美国	58	美国	61
日本	日本	61	美国	52	英国	德国	57	俄罗斯	60
英国	英国	61	中国	51	中国	法国	56	印度	60
德国	德国	60	韩国	50	日本	英国	56	中国	59
瑞士	瑞士	60	巴西	50	印度	中国	55	韩国	59
韩国	法国	59	土耳其	42	韩国	日本	54	巴西	58
法国	意大利	58	智利	40	德国	俄罗斯	54	墨西哥	58
意大利	西班牙	57	德国	36	俄罗斯	西班牙	54	加拿大	57
澳大利亚	新西兰	57	俄罗斯	34	澳大利亚	瑞典	54	澳大利亚	57
比利时	比利时	57	法国	34	加拿大	意大利	54	英国	56
新西兰	丹麦	54	日本	34	墨西哥	瑞士	53	日本	56
西班牙	瑞典	54	英国	33	巴西	丹麦	51	乌克兰	54
中国	加拿大	54	澳大利亚	33	法国	芬兰	51	中国香港	54
加拿大	芬兰	53	加拿大	32	意大利	比利时	51	马来西亚	54

图3.3为1996—2000年、2011—2015年期间全球跨国专利申请完全网络图，节点大小体现节点度数大小，由图可知，全球跨国专利申请完全网络存在明显的“核心—边缘”结构特征，其中，美国、日本和德国、英国、法国、意大利等西欧发达国家的度数较大，处在网络的“核心”地位，但除中国、巴西、印度和韩国等少数发展中国家外，其余发展中国家的节点度数普遍较小，处在网络的“边

缘”地位。这可能是因为专利申请网络“轴心”国家不仅把知识产权保护作为激励创新的重要手段，且通过跨国专利申请可进一步将其技术独占优势转为市场垄断优势，一定程度上限制了专利申请目标国的技术创新，而中国、巴西等发展中国家通过模仿学习不断提升自主创新能力，因而其在全球跨国专利申请网络中的地位和影响力也不断提高。

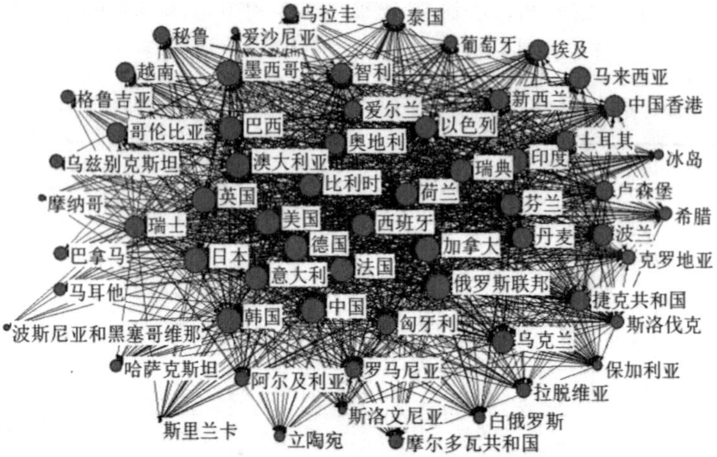

1996—2000 年全球跨国专利申请完全网络图

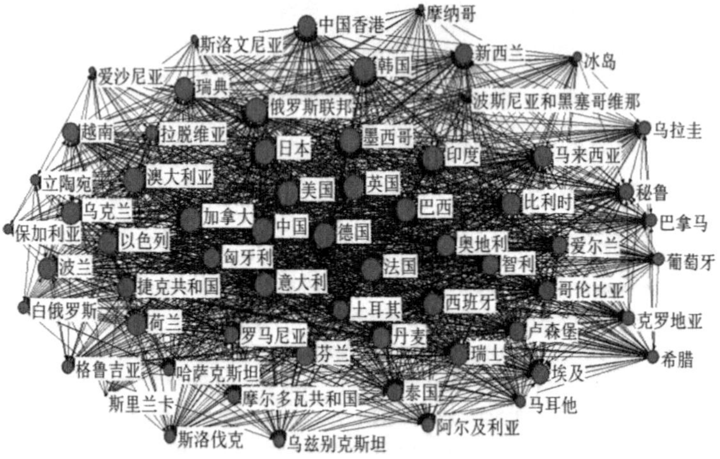

2011—2015 年全球跨国专利申请完全网络图

图 3.3　1996—2000 年、2011—2015 年全球跨国专利申请网络图

（二）全球跨国专利申请 TOP1 网络分析

1. 基本指标统计描述

Top1O 网络是描述整体网络中节点最重要发出信息的关系网络，且 1996—2015 年期间跨国专利申请 TOP1 网络涵盖其整体网络专利申请数的 42.037%，从 1996—2000 期间的 40.2%提高到 2011—2015 年期间的 43.90%，这表明全球跨国专利申请具有高度集中性，换言之，跨国专利申请活动主要在少数网络中心的节点国家集中进行，而网络边缘区域的国家仅占少数。

从表 3.4 可知，相比于跨国专利申请完全网络，其 1996—2000 年期间 Top1O 网络的边数为 62，后三期则降为 61，原因是 2001 年后其他样本国家未到越南申请专利，相应地，跨国专利申请 Top1O 网络的平均密度下降为 0.016 6，平均路径长度则增加到 1.919。Top1O 网络中所有节点的入度都为 1，但节点的出度却存在显著差异，网络的出度或入度总和和网络的边数总和相等。通过一系列测算，可知跨国专利申请 Top1O 网络的最大节点出度从 1996—2000 年期间的 31 个上升为 2011—2015 年期间的 35 个，最大节点出度国家为美国，其跨国专利申请总数从 1996—2000 年期间的 167 914 项上升为 2011—2015 年期间的 392 214 项。排名其后两位的是德国和日本，其节点出度分别从 1996—2000 年期间的 19 和 7 变为 2011—2015 年期间的 11 和 6，相应地，其跨国专利申请总数则分别从 1996—2000 年期间的 96 151 和 86 384 项目变为 2011—2015 年期间变为 520 356 项和 95 212 项。跨国专利申请 Top1O 网络节点国家的入度都为 1，但其入强度差距较大，1996—2000 年期间最大入强度国家为美国，其跨境专利引用总数达到 61 478 项，2011—2015 年期间最大入强度国家则为日本，其跨境专利引用总数为 118 998 项。进一步分析发现，1996—2000、2001—2005、2006—2010、2011—2015 年期间中国在 Top1O 网络中的出度均为 0，而各期间在华专利申请数量最大的国家分别为日本、德国、韩国和德国，说明尽管中国在全球跨国专利申请完全网络中的地位和影响力不断提高，但和跨国专利申请 Top1O 网络的中心国家相比仍然存在差距，因而需进一步加大研发投入、构建激励社会创新的环境和制度，增强跨国专利申请在国际上的影响力。此外，相比于全球跨国专利申请完全网络，Top1O 网络中上一期网络边数占比较低，其中，2001—2005 年期间 Top1O 网络包含了 1996—2000 年期间 Top1O 网络边数的 50%，2006—2010、2011—2015 年期间则分别包含了上一期间网路边数的 36.1%和 45.9%，这表明全球跨国专利申请 Top1O 网络中的节点关系变化相对较大。

总体而言，美国、日本、德国在全球跨国专利申请 Top1O 网络中占据绝对中心地位，这和三国的知识产权国家发展战略密切相关。近几十年来，美国、日本、德国经济的持续增长，正是其知识经济在严厉的知识产权保护制度背景下发展的结果，在母国知识产权战略指导下，跨国企业尤其是大型的跨国集团在其他国家的高技术领域大量申请发明专利，并以其作为抢占目标国市场的前导。

表 **3.4**　全球跨国专利申请国 Top1O 网络指标统计描述

阶段	2001—2005	2006—2010	2011—2015	2016—2020
节点数	62	62	62	62
边数	62	61	61	61
密度	0.016 7	0.016 4	0.016 1	0.017 2
片区	1	1	1	1
平均路径长度	2.047	1.826	2.095	1.707
平均度	1	1	1	1
最大入度	1	1	1	1
入度方差	0	0	0	0
最大出度	31	28	34	35
出度方差	21.306	20.194	20.403	21.465
平均强度	5 689.209	4 774.064	9 973.049	16 382.581
最大入强度	61 478	96 728	122 277	429 545
入强度方差	1.439×10^8	1761×10^8	5.542×10^8	3.317×10^8
最大出强度	167 914	176 114	403 172	520 356
出强度方差	6.919×10^8	5.924×10^8	2.783×10^8	6.726×10^8
pTop1O	0.402	0.341	0.450	0.439
pSETop1O	—	0.500	0.361	0.459

注：*p*Top1O 和 *p*SETop1O 指标的计算见公式（3-6）和式（3-8）。

2. 全球跨国专利申请 Top10 网络的社群与片区

节点的关系不仅可以分析跨国专利申请网络的整体动态，还可用来确定网络的社群结构，即集群的存在。为确定节点片区的数量，需首先忽略跨国专利申请网络的边权重，而用 Girvan-Newman 模块化算法计算网络的社群结构则需加入边权重。鉴于此，本章使用 R 语言中的 igraph 程序包来检测在 1996—2015 年期间每 5 年的跨国专利申请网络社群结构，进而更好地了解跨国专利申请网络的拓扑特征。通过分析网络社群结构的动态及其随时间推移的发展变化有助于深入研究网络节点国家在社群中的影响力和变化。

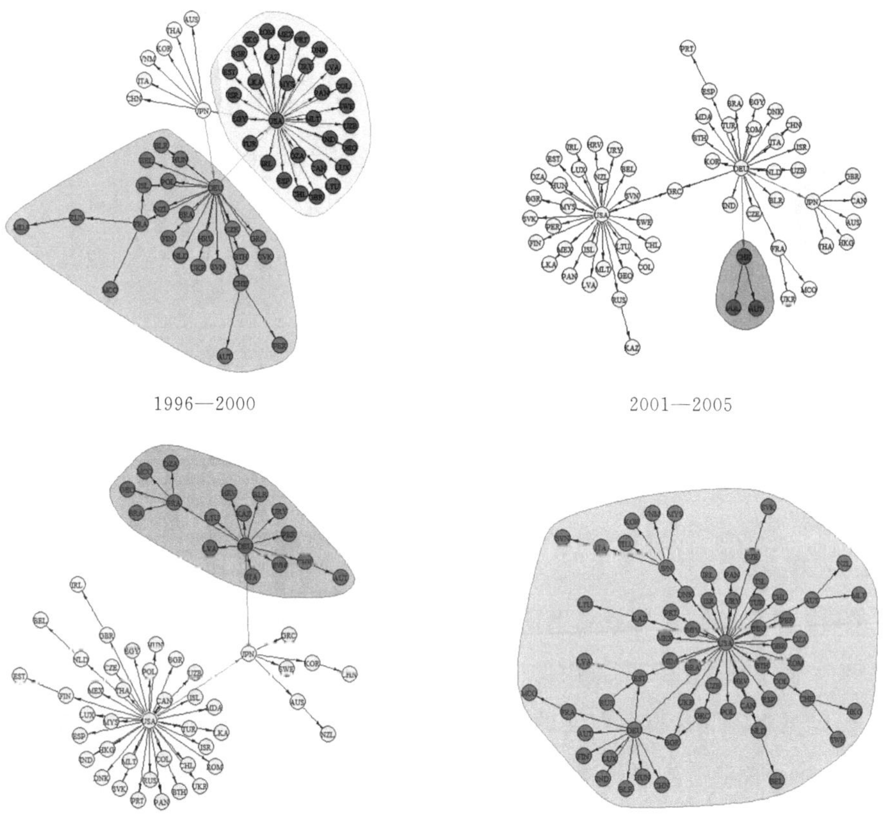

图 3.4 1996—2015 年期间每 5 年全球跨国专利申请 Top10 网络社群结构图

表 3.5　全球跨国专利申请 Top1O 网络社群数和片区数

年份		1996—2000	2001—2005	2006—2010	2011—2015
Top1O	社群数	3	3	3	1
	片区数	1	1	1	1

考虑边权重后的社群可更深入解释网络内部信息和节点国家在网络中的影响力和地位，从 Top1O 网络内部社群的演化图（图 3.4）可知，若考虑复杂网络的边权重，网络的社群结构发生了较大变化，且 1996—2015 年期间跨国专利申请网络的社群数量逐渐减少。表 3.5 结果显示跨国专利申请网络的社群数在 1996—2000、2001—2005、2006—2010 年期间均为 3 个，到 2011—2015 年则减少为 1 个，而跨国专利申请 Top1O 网络片区数则一直为 1，对比跨国专利申请 Top1O 网络的社群数量和片区数量发现，其片区的数量少于社群的数量，这说明经济全球化使得跨国专利申请网络逐渐呈现“一体化”特征。随着世界经济和科技交流的进一步加强，多数国家已经有意识地通过 PCT（专利合作协定）或其他有效渠道进行跨国专利申请，据世界知识产权组织报告，2014 年美国、日本、中国是通过 PCT 框架专利申请总量排名前三的国家，总量分别为 61 492、42 459 件和 25 539 件，共占全球数量的 60.4%，国际专利申请的标准化为专利申请国向外国申请专利提供了便利，因而全球跨国专利申请网络的规模不断壮大，网络结构越来越集中。

3. 社群演化

最后，通过描述跨国专利申请 Top1O 网络的入度随时间演变的特征进一步分析 62 个节点国家在 4 个阶段的网络中相互作用的方式。表 3.6 为跨国专利申请 Top1O 网络不同社群所包含的节点数，结果表明全球跨国专利申请的集中度不断上升，而社群数则不断减少，且网络小社群逐渐融汇成大社群。1996—2000 第一个社群包含 31 个国家，占整体样本国家总数的 50%。2011—2015 年期间第一个社群包含的节点国家为 61 个，占所有样本数比重也提高到了 100%。从纵向层面看，跨国专利申请 Top1O 网络的社群结构一体化趋势较明显，表明全球经济一体化对各国创新活动的影响较大，各国经济和科技交流的深度和广度不断提高。

表 3.6 全球跨国专利申请 Top1O 网络不同社群的节点数

社群	Top1O			
	1996—2000 年	2001—2005 年	2006—2010 年	2011—2015 年
1	31	52	37	61
2	24	6	17	——
3	7	3	7	——

一旦确定复杂网络的社群结构，即可以考察社群节点国家随时间演变的过程，并作为分析旧社群逐步消失的证据。从表 3.7 中跨国专利申请 Top1O 网络的出度可知，Top1O 网络中只有少数国家的出度大于或等于 5（1996—2015 年期间平均占比 4.839%）。通过一系列测算可知，这些位于网络核心地位的国家稳定保持在 3 个，依次为美国、德国和日本，而出度为 0 的国家数量较多，从 1996—2000 年期间的 56 个变为 2011—2015 年期间的 48，表明在此期间全球平均 84.678%的国家非其他国家的跨境专利申请的最大目的国，这也意味着跨国专利申请具有高度的集中性和垄断性。这与美国、日本和德国等发达国家实施的知识产权保护制度密切相关，美国早在 20 世纪 80 年代就提出了知识产权国家发展战略，并在全球范围内强力推行知识产权保护制度；日本 2002 年也开始定制《知识产权战略大纲》，同时提出了“知识产权立国”的口号；2007 年德国政府推出了“知识产权保护预防战略”，以进一步强化对创新能力的保护，其他欧盟国家如法国和英国等也分别制定了面向 21 世纪的知识产权战略。发达国家以知识产权国际化为背景的专利经营是其控制核心技术的重要手段。近年来，发达国家都力求将本国专利变为国际标准以获得最大经济利益，其跨国公司的专利收费一定程度上也抑制了技术落后国的技术创新，技术标准和专利相结合也使得发达国家在跨国专利申请领域长期保持垄断优势。

表 3.7　全球跨国专利申请 Top1O 网络的节点出度统计

度数	2001—2005		2006—2010		2011—2015		2016—2020	
	NC	%	NC	%	NC	%	NC	%
跨国专利申请 Top1O 网络的出度								
>=5	3	4.839	3	4.839	3	4.839	3	4.839
4	0	0.000	0	0	1	1.613	0	0
3	1	1.613	0	0.	0	0	0	0
2	1	1.613	2	3.226	0	0	2	3.226
1	1	1.613	2	3.226	7	11.290	9	14.516
0	56	90.323	55	88.710	51	82.258	48	77.419

注：NC 表示满足入度条件的节点国家数量，%为 NC 占全部 62 国的比重。

表 3.8 为 1996—2015 年期间全球跨国专利申请 Top1O 网络的节点出度排名前 8 的国家统计，其中，除俄罗斯外，其余 7 个国家均为发达国家。Top1O 的节点出度表示有多少国家以这些节点国家作为最大专利申请来源国，表 3.8 所有列出的国家在 1996—2015 年期间总出度均大于 1，表明在此期间至少有 1 个国家将其作为跨境专利申请的最大来源国。此外，表 3.8 结果显示在 1996—2015 年期间跨国专利申请 Top1O 网络中具有较高出度的节点国家地位非常稳定。由此可见，发达国家在全球跨国专利申请 Top1O 网络中处于核心地位，而大部分发展中国家则处于 Top1O 网络的边缘地位。

从表 3.8 全球跨国专利申请 Top1O 网络中排名前三的核心国家看，全部为经济高度发达的国家（美国、德国、日本），同时，这些国家也是全球跨国专利申请 Top1O 社群图中位于核心地位的国家。为了理解最核心国家在社群中发挥的作用，我们将以美国为例进行分析：1996—2000 年期间，美国同时是 Top1O 网络的社群 1 中其他 30 个节点国家的最大专利申请国，到 2011—2015 年，Top1O 的社群 1 中节点国家上升为 61 个，而美国的出度也高达 35，说明美国一直以来都是全球大部分国家跨境专利申请的最大来源国。总体而言，美国对全球跨国专利申请的控制力和影响力不断提高，这也和近几十年来美国谋求本国知识产权权利人在全球利益的最大化密切相关。

表 3.8　全球跨国专利申请 Top10 网络节点出度排名前 8 的国家

跨国专利申请 Top10 网络主要国家的出度				
国家	1996—2000	2001—2005	2006—2010	2011—2015
美国	31	28	34	35
德国	19	22	11	11
日本	7	6	5	6
法国	3	2	4	1
瑞士	2	2	1	2
俄罗斯	1	1	0	1
澳大利亚	0	0	1	2
荷兰	0	0	1	1

第三节　中国区域生产性服务业发展的空间关联

2013 年中国服务业增加值占国内生产总值的比重达到 46%，首次超越制造业占比，成为推动经济发展和民生改善的关键引擎，而作为科技创新的催化剂，生产性服务业对企业创新的产出和经济高质量发展发挥着日益重要作用。生产性服务业是中国经济进入高质量发展阶段的重要表征，对推动新旧动能转化，建设现代化经济体系，形成创新驱动发展新格局具有重要支撑作用。这引起经济学界和政府的高度重视，我国“十四五”规划明确提出要推动知识密集型生产性服务业向专业化和价值链高端延伸，加快发展研发设计、现代物流、法律服务等现代生产性服务业。国家发展改革委印发的《服务业创新发展大纲（2017—2025年)》也强调要加快服务业创新发展、增强服务经济发展新动能，可见，加快生产性服务业发展，是关系产业转型升级，支撑制造强化和经济现代化建设，全面提升产业创新能力和国家综合竞争力的重要途径。

本节以我国 2003—2021 年省级层面生产性服务业就业人数为样本，探究了我国地方生产性服务业发展的空间关联关系，并进一步采用复杂网络和 QAP 方法分析了各地区生产性服务业发展的空间关联特征和影响因素。

一、空间关联网络的构建及分析方法

（一）生产性服务业网络构建方法

我国省级生产性服务业发展的空间关联网络是各省区市间生产性服务业发展关系的集合。各省市自治区构成了网络框架中的节点，各省份之间在生产性服务业就业人数的空间关联关系是复杂网络的“边”。由节点和边线组合便构成省级生产性服务业发展的复杂网络。为刻画省级生产性服务业发展的空间关联效应，拟选择格兰杰因果关系检验（VAR Granger causality）方法来实现。由于生产性服务业发展的空间关联网络反映了一种区域间的动态关联关系，各省区的生产性服务业就业人数本身是内生变量，选择最小二乘法等结构化方法估计将导致参数估计结果有偏误，因而选择 VAR 这种非结构化方法来估计。本研究的基本思路是利用 VAR 格兰杰因果检验判断两地区间生产性服务业发展是否存在动态关联，若检验结果表明 A 地区的生产性服务业就业人数显著影响了 B 地区生产性服务业就业人数，则在复杂网络中形成一条由节点 A 指向节点 B 的有向关系线。然后，依此方法再检验所有两两省市区间的有向关联，画出复杂网络中的有向连接线，进而形成我国生产性服务业发展的有向空间关联网络。

本书定义省级生产性服务业发展的空间关联网络（CFSN）具有权重性，有向网络 $P^t=\{w_{ij}^t\}_{N\times N}$，其中 P^t 代表省级生产性服务业就业人数两两影响的矩阵，t 和 N 分别代表年份和国家，w_{ij}^t 代表第 t 年 i 省生产性服务业就业人数对 j 省生产性服务业就业人数影响的系数。相应地，本书定义我国省级生产性服务业就业人数空间关联网络的无权网络也是有向网络，即 $A^t=\{a_{ij}^t\}_{N\times N}$，其中，$a_{ij}^t=\begin{cases}1, & w_{ij}^t>0\\0, & w_{ij}^t=0\end{cases}$，$a_{ij}^t$ 代表第 t 年 i 省区市生产性服务业就业人数对 j 省区市生产性服务业就业人数显著影响的存在性。

需要强调的是，地方生产性服务业发展的空间关联网络是一个强调生产性服务业发展关系的复杂网络，同静态分析不同，复杂网络分析方法不仅能清晰刻画我国省级生产性服务业发展的综合特征，也能体现节点地区生产性服务业就业人数的变化如何影响其他节点生产性服务业就业人数。

（二）生产性服务业空间关联网络的特征指标与分析方法

鉴于我国地方生产性服务业发展的空间关联网络具有拓扑性质，且网络的拓扑性质和演化规律无法用随机图范式解释，因此，选择网络特征分析中应用较广泛的指标进行分析，主要指标如下：

1. 出度、入度和网络密度

出度和入度分别表示生产性服务业发展空间关联网络中节点的发出关系数和接收关系数，出度（入度）越高，说明该节点地区向其他地区发出（接收）的关系越多。网络密度反应网络节点间联系的紧密程度，可以用网络节点实际存在的连线数与最多可能存在的连接数（如 n 个节点间理论上最多有 $n\times(n-1)$ 条关系）之间的比值。

2. 网络关联性和聚集系数

如果网络节点形成的片区数为 1，则说明这些网络节点形成的集体具有关联性，节点间可达的路径越多，网络的关联性越强。在有向网络中，可通过“可达性”指标度量关联性，若网络中出现部分节点之间无可达路径，则说明节点形成的网络关联性不强。关联度测量公式如下：$C=1-2V/[N(N-1)]$，式中 V 代表该网络无可达路径的点对数量，N 是网络的节点总数。

在社会网络分析领域，网络等级度是衡量节点关联性的一个重要指标，计算公式为 $GH=1-V/\max(V)$，其中 V 等于网络中对称地可以到达的点对数，$\max(V)$ 等于 i 可以到达 j 或者 j 可以到达 i 的点对数目，由此可见，网络等级度往往是针对有向图，对地方生产性服务业发展的空间关联网络非常适用。

网络效率是反映节点关联性的又一个重要指标，它是指当确定图中包含的组件时，图中存在冗余线的程度。计算公式为：$GE=1-V/\max(V)$，其中，V 是冗余线条的数量，$\max(V)$ 是理论上存在的最多冗余线条数。在空间关联网络中，网络效率越低，说明网络关联管道越多，网络越稳定。

3. 中心性分析

网络中心性主要反映节点在网络中的作用和地位，主要有度数中心性和中介中心性指标，绝对点度中心度反映了某个节点与其他节点直接联系的关系数，在有方向的社会网络中，任一节点 x 的总度数 K 等于该点的点出度（K^{out}）与点入度（K^{in}）之和。中间中心性概念主要由 Freeman 教授 1979 年提出。反映社会网络中的节点是否起到“桥梁”作用，计算公式如式（3-10）：

$$C_{RBi} = \sum_{j \neq k \neq i} b_{jk}(i) \tag{3-10}$$

其中，j 和 k 表示复杂网络中的另外两个节点，即 $j \neq k \neq i$，b_{jk}（i）表示节点 i 处于节点 j 和 k 最短路径上的概率，其中 b_{jk}（i）$= n_{jk}^{i} / n_{jk}$，n_{jk}^{i} 表示节点 j 和 k 间经过节点 i 的最短路径数，n_{jk} 为节点 j 和 k 之间的最短路径数之和。

4. 块模型分析

块模型分析最早由 White er al.（1976）提出，可以对不同地区在生产性服务业增长中的角色位置进行分析。基于块模型理论，不同地区的角色位置可分为四大板块，即主受益板块、净溢出板块、双向溢出板块和经纪人板块。主受益板块的内部关系比例多，对外发出关系较少，当对外发出关系为 0 时，可称为净受益板块；净溢出板块的成员向外发出的关系数较多，而对内部成员发出的关系数较少；双向溢出板块的成员既向外发出较多关系，也在板块内部发出较多关系，但较少未接收到外部成员来发来的关系；经纪人板块成员既向外发出关系也接收外部关系，但成员内部之间的相互关系数较少。Wasserman 和 Faust（1994）进一步开发了评价网络角色位置的指标，具体如表 3.9：

表 3.9　块模型中生产性服务业发展板块分类

板块 A_k 内部的关系比例	板块 A_k 接收到的关系比例	
	≈ 0	>0
$\geqslant$（g_k-1）/（$g-1$）	双向溢出板块	主受益板块/净受益板块
$\geqslant$（g_k-1）/（$g-1$）	净溢出板块	经纪人板块

上表中，g_k 代表某个板块 A_k 中地区的数量，g 代表整个网络的地区数量。板块 A_k 内部理论上最多可能存在的关系数为 g_k（g_k-1），同理，板块 A_k 中包含节

点在整体网络中最多可能存在的关系数为 g_k（$g-1$）。因此，板块 A_k 的内部关系数与总关系数比例为 $\frac{g_k(g_k-1)}{g_k(g-1)}=\frac{g_k-1}{g-1}$。

二、中国区域生产性服务业发展的空间关联网络特征

（一）中国区域生产性服务业发展空间关联网络的建立

借鉴霍鹏等（2019）的方法，同时结合国家统计局《国民经济行业分类》（GB/T 4754－2017），将生产性服务业划分为交通运输仓储和邮政业、批发和零售业、信息传输和软件和信息技术服务业、租赁和商务服务业、科学研究和技术服务业、水利环境和公共设施管理业等六大行业。由于青海、宁夏、西藏的生产性服务业就业人数远低于全国各省份平均水平，导致得出的实证结果波动较大，因此，借鉴许和连等（2015）的做法，网络关系构建中舍弃上述三个省份，另考虑数据可得性和统计口径的统一性，最终选用 2003—2021 年 28 个省市区生产性服务业就业人数作为样本数据。原始数据来源于《中国统计年鉴》、各地区统计年鉴和 EPS 数据库。同时为避免时间趋势的干扰，对样本数据进行对数处理。借鉴刘华军和杜广杰（ 2018）的方法，采用向量自回归模型（VAR）对各地区生产性服务业发展的因果关系进行检验。首先，对我国 28 个地区生产性服务业就业人数数据进行单位根检验，结果发现水平数据不平稳，进一步对水平数据进行一阶差分处理，发现处理后的数据在 5%显著性水平下平稳，据此建立每两个地区间的 VAR 模型。然后，针对变量选择最佳滞后阶数，并在此基础上，进行 VAR 模型的 Granger 因果检验，最后得到 2003—2021 年期间通过 5%显著性水平检验生产性服务业发展因果关系数为 221 条。将 28 个省市区作为社会网络的节点，将 VAR Granger 因果检验得到的关系作为网络的边，运用 UCINET 分析软件即可得到我国地方生产性服务业发展的空间关联网络图（见图 3.5）。由图 3.5 可见，2003—2021 年期间中国各省区市间的生产性服务业发展存在普遍的空间关联特征。

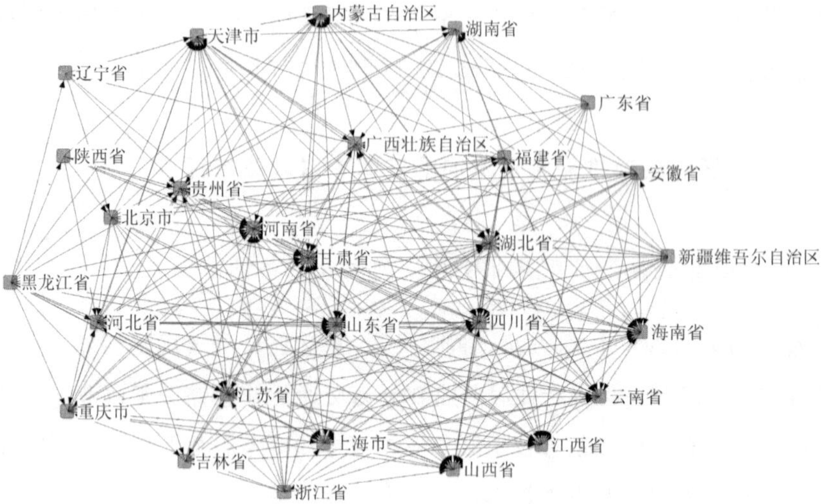

图 3.5　2002—2021 年中国地方生产性服务业发展的空间关联网

（二）中国地方生产性服务业空间关联网络的结构特征

1. 网络出入度和密度

中国地区间生产性服务业发展存在网络关联，因此分析其网络拓扑特征对厘清地方生产性服务业发展的格局至关重要。由表 3.10 可见，2003－2021 年期间中国地方生产性服务业发展的空间关联网络中存在 221 条关系，因此网络密度为 0.292，说明各地区之间生产性服务业发展的关联程度较低，还存在较大的合作空间。此外，网络中节点的最大出度为 16，表明该节点地区在样本期间生产性服务业发展对其他 16 个地区有显著的溢出效应，网络中节点最大入度为 21，说明该节点地区在样本期间的生产性服务业发展受到其他 21 个地区生产性服务业发展的影响。

总体来看，我国生产性服务业发展存在空间依赖性，且呈现出跨区域的网络化相互影响格局。为缩小地区差距，党的十六届三中全会就提出了要统筹区域协调发展。随后我国相继提出西部大开发、东北振兴、中部崛起和东部率先发展战略。党的二十大报告再次强调要“深入实施区域协调发展战略”，这些发展战略有利于推动各地区生产性服务业发展的关联。其次，生产性服务业发展对提升地区竞争力和就业率，加快区域创新和产业转型升级至关重要，在地方政府和市场共同作用下，各地区生产性服务业要素自由流动和交易也会产生溢出效应。

表 3.10　中国生产性服务业空间关联网络的基本指标

阶段	节点数	边数	密度	片区	平均路径长度	聚类系数	平均度	最大入度	最大出度	网络效率	网络等级
2003—2021	28	221	0.292	1	1.810	0.391	15.916	21	16	0.339	0.069

2. 关联性

进一步计算网络的关联性指标发现（结果见表 3.10），中国地方生产性服务业发展空间关联网络的关联度为 1，表明中国地方生产性服务业空间关联网络的整体连通效果较好，网络中各省区市生产性服务业发展存在普遍的空间关联性。此外，样本期间中国地方生产性服务业发展空间关联网络的网络效率为 0.339，表明各地区生产性服务业发展网络中的关系存在多重叠加，网络整体稳定性较好。网络等级度为 0.069，表明我国生产性服务业发展的空间溢出效应并非严格按等级划分，生产性服务业发展水平不同的地区之间也存在空间溢出效应。此外，网络中平均路径长度为 1.810，聚类系数为 0.391，表明网络中所有节点对的最少边数平均值为 1.810 条，且我国地区间生产性服务业发展空间关联网络存在明显的“小世界”特征，且节点间相互影响的传递速度较快。这可能是因为国家区域协调发展战略实施以来，各地区基础设施和公共服务水平差距越来越小，劳动和资本要素在区域服务业企业之间频繁流动，进而加快了地方生产性服务业发展的相互影响速度。

3. 节点中心性分析

利用节点的度数中心度和中间中心度这两个指标可以探究各省区市生产性服务业在全国范围内的地位和影响力。由表 3.11 的绝对中心度排名可见：2003—2021 年期间，中国生产性服务业发展的空间关联网络中总度数排名前 5 的分别为四川省、山东省与内蒙古自治区并列第 2、广东省与上海市并列第 3、甘肃省与贵州省并列第 4、湖南省与海南省并列第 5，说明网络中与这些节点地区生产性服务业发展相关联的地区最多。出度中心性排名靠前的省份依次为新疆维吾尔自治区、广东省、上海市与安徽省并列第 3、甘肃省与湖南省、云南省、重庆市并列第4、山东省与内蒙古自治区、海南省、广西壮族自治区和福建省并列第5，表明这些地区生产性服务业发展对其他地区的溢出效应较大。此外，入度中心性排名靠前的省份为四川省、河北省、山东省与贵州省、内蒙古自治区、山西省并列第3、江西省与甘肃省、上海市、天津市并列第4，说明这些地区生产性服务业发展主要受益于其他地区。总体而言，中国生产性服务业空间关联网络存在明显的“中心—外围”特征，处在网络“中心”地位的省份总体关系数较多，对网络的影响更大，而处在“外围”的省份总体关系数较少，对网络的影响有限。可能原因是受地理和交通条件限制，部分地区经济发展长期处于落后水平，其生产性服务业既无法显著影响其他节点成员的生产性服务业发展，同时其自身生产性服务业发展也较难吸收其他成员生产性服务业的知识溢出。

基于式（3-1）进一步测算各地区的中间中心度。表3.11的结果显示，中间中心度排名前5位的省份依次为内蒙古自治区、山东省、上海市、四川省、广东省，这5个地区中有3个位于东部地区，1个位于西部地区，1个位于中部地区，但没有东北部地区，说明样本期间东部地区在中国生产性服务业发展的空间关联网络中起的“桥梁作用”更大。

表3.11　2003—2021年期间中国地方生产性服务业空间关联网络的度数排名

序号	地区	出度	入度	总度数	中间中心度
1	四川省	5	21	26	54. 69
2	山东省	10	14	24	60. 881
3	内蒙古自治区	10	14	24	70. 86
4	广东省	13	10	23	33. 48
5	上海市	12	11	23	58. 309
6	甘肃省	11	11	22	13. 204
7	贵州省	8	14	22	16. 072
8	湖南省	11	9	20	15. 472
9	海南省	10	10	20	29. 171
10	河北省	4	15	19	15. 423
11	山西省	4	14	18	12. 773
12	新疆维吾尔自治区	15	2	17	3.466

续表

序号	地区	出度	入度	总度数	中间中心度
13	安徽省	12	4	16	10.570
14	云南省	11	5	16	17.986
15	河南省	9	7	16	6.077
16	重庆市	11	3	14	32.036
17	江苏省	4	9	13	7.526
18	江西省	2	11	13	4.595
19	天津市	2	11	13	10.791
20	广西壮族自治区	10	3	13	2.268
21	福建省	10	2	12	10.121
22	北京市	5	7	12	4.362
23	湖北省	8	3	11	5.940
24	吉林省	8	3	11	6.239
25	浙江省	9	2	11	7.914
26	黑龙江省	6	2	8	4.953
27	陕西省	5	2	7	9.567
28	辽宁省	4	0	4	0

（三）中国生产性服务业发展空间关联网络的块模型分析

针对我国区域生产性服务业发展空间关联网络，选择最大分割深度为 2，收敛标准为 0.2，对 28 个结点地区关联关系进行块模型分析，得到四个不同的关联板块（具体见表 3.12）。可见，第一板块（双向溢出板块）总共有 10 个地区，主要由北京市、四川省、河北省、浙江省、黑龙江省、重庆市、云南省、江苏省、湖南省、海南省等生产性服务业发展较为领先的省份构成；第二个板块（主受益板块）总共有 6 个地区，主要由广西壮族自治区、甘肃省、贵州省、河南省、山东省、陕西省等生产性服务业发展较快的省份构成；第三个板块（经纪人板块）总共有 7 个地区，主要由广东省、江西省、安徽省、天津市、福建省、新疆维吾尔自治区、上海市等生产性服务业发展活力较好的省份构成；第四个板块（净溢出板块）总共有5个地区，分别为山西省、湖北省、内蒙古自治区、辽宁省、吉林省，这5个省份的生产性服务业发展相对落后。

表 3.12　四大板块之间的接收关系

板块	板块一接收关系数	板块二接收关系数	板块三接收关系数	板块四接收关系数	期望的内部关系比例	实际的内部关系比例	板块成员数量	接收板块外关系数	板块属性
板块一	29	25	27	21	35.91%	28.37%	10	53	双向溢出板块
板块二	12	4	6	3	9.62%	17.49%	6	55	主受益板块
板块三	22	20	11	16	22.81%	11.78%	7	41	经纪人板块
板块四	19	11	8	0	13.69%	0	5	40	净溢出板块

在图3.6显示的空间关联网络中，总关系数为221条，其中四个板块内部存在的关系数为43条，其他198条关系为板块间的关系数，说明板块之间的空间关联内更明显。第一个板块地区溢出的关系数有102条，其中发出关系中内部关系数和外部关系数分别为29和73条，接收到其他板块的关系数为53条；期望的内部关系比例为35.91%，而实际内部关系比例为28.37%。由此可见，第一个板块对板块内部成员和外部成员均产生了较明显的溢出效应，充分体现了“双向溢出板块”的作用。第二个板块地区溢出的关系数有21条，其中发出关系中内部关系数和外部关系数分别为4和21条，接收到其他板块的关系数为55条。期望的内部关系比例为9.62%，而实际内部关系比例为17.49%，属于典型的“主受益板块”。第三个板块溢出的关系数为58条，其中发出的内部关系数和外部关系数分别为11和58条，接收到其他板块的关系数为41条，期望的内部关系比例为22.81%，而实际内部关系比例为11.78%，实际内部关系比例远小于期望的内部关系比例，因此，第三个板块在地方生产性服务业空间关联网络中主要起到“桥梁”作用，扮演了“中间人”的角色。第四个板块溢出的关系数为38条，其中发出的内部关系数为0条，接收到其他板块的关系数为38条；期望的内部关系比例为13.69%，而实际内部关系比例为0，因此，第四板块属于典型的“净溢出板块”。

为更清晰考察四个板块间的关系，可以通过计算四个板块的密度，进而得到中国区域生产性服务业发展空间关联网络的密集矩阵。由表 3.12，通过一系列计算可得到中国区域生产性服务业发展空间关联网络的平均密度为 0.292，以平均密度为阈值，大于平均密度的取为 1，反之，则取值为 0，由此可得到网络的像矩阵（见表 3.13）。

表 **3.13**　各板块的密度矩阵和像矩阵

板块	密度矩阵				像矩阵			
	板块一	板块二	板块三	板块四	板块一	板块二	板块三	板块四
板块一	0.252	0.521	0.452	0.387	0	1	1	1
板块二	0.236	0.290	0.198	0.219	0	0	0	0
板块三	0.264	0.595	0.174	0.311	0	1	0	1
板块四	0.391	0.439	0.147	0. 000	0	1	0	0

由表 3.13 的密集矩阵可发现，第一板块和第二板块的内部网络密度相对较高，而第三板块和第四板块的内部密度较低，说明第一板块和第二板块内部成员的联系更紧密，这两个板块内部地区间生产性服务业发展的相互溢出“管道”更多。根据表 3.13 描绘出的像矩阵可进一步刻画出各板块生产性服务业发展空间关联网络结构的板块传导机制图。由图 3.6 可见，第一板块对其他三个板块的生产性服务业发展均存在空间溢出作用，第二板块地区主要接收其他三板块的溢出关系，但对外未产生显著的溢出作用，第三板块对第二板块和第四板块有显著溢出作用，而第四板块主要对第一板块和第二板块产生溢出效应。

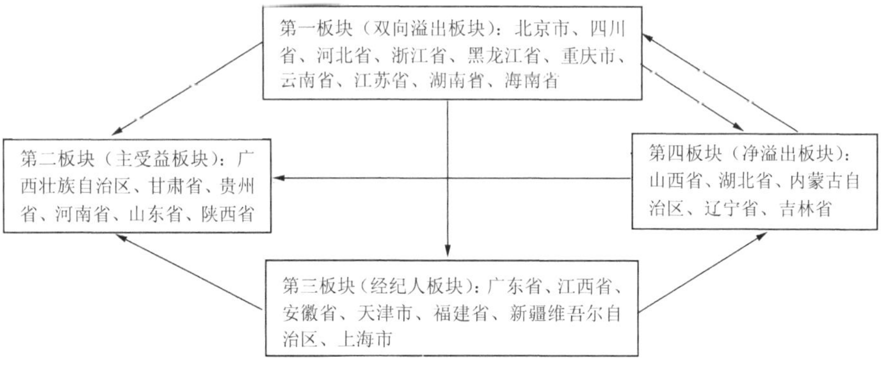

图 3.6　中国生产性服务业四大发展板块的传导机制图

三、中国区域生产性服务业发展空间关联的影响因素——基于 QAP 方法分析

在分析了中国地方生产性服务业发展空间关联网络的演化特征之后，接下来要探究的是，哪些因素决定或影响了中国地方生产性服务业发展的空间关联性？由于中国地方生产性服务业发展的空间网络使用的数据具有关联性，使用传统最小二乘法回归可能出现多重共线性，进而导致回归结果有偏误，而使用 QAP 方法可以较好地解决关系数据多重共线性问题（孙天阳，2018）。

（一）理论假设与变量的选择

由中国地方生产性服务业发展空间关联网络的结构特征可知，其网络演化表现出明显的“中心—外围”特征，段文奇等（2008）认为网络的异配特征与地理位置关联性较强，且从前文块模型分析可知，我国生产性服务业发展存在明显的梯度溢出效应，且相邻省份之间的关联性更强，因此，地理邻接关系是影响生产性服务业空间关联的重要因素。郑长娟等（2017）、霍鹏和魏修建（2019）的研究均表明，生产性服务业发展的空间关联与制造业集聚水平、信息化水平、人力资本水平密切相关。此外，块模型分析结果显示，处于同一板块的地区的经济发展水平和经济开放度都较为接近，且在财政分权体制下，地方政府更多瞄准经济实力相近的省份实施优惠政策支持生产性服务业发展。因此，经济发展水平、经济开放度和政府支持力度相近的地区间生产性服务业发展更容易产生空间关联。

各地区经济发展水平可用人均国内生产总值来衡量（林毅夫和刘志强，2000），经济开放度可用各地区外商直接投资额占全国外商直接投资平均额进行刻画（霍鹏等，2018），而政府支持力度可用地方财政支出占该地区 GDP 的比重衡量（郑长娟等，2017）。由此推测，各地区制造业集聚水平（$Manufc$）、信息化水平（$Informc$）、人力资本水平（$Humc$）、人均国内生产总值（$Pgdpc$）、经济开放度（$Openc$）和政府支持力度（$Govc$）等方面的差异是我国生产性服务业发展产生空间关联的重要原因。据此，构建如下实证模型：

$$G = f(S, Manufc, Informc, Humc, Pgdpc, Openc, Govc) \quad (2)$$

上式中，G 表示我国各省份生产性服务业发展的空间关联网络，地理位置相近可以用反映两个地区是否相邻的空间关系矩阵 S 表示，若两个地区在地理空间上相邻，则取值为 1，否则取值为 0。借鉴周游等（2021）的方法，其余五个自变量指标都取样本期间各地区观察值的平均值，然后用得到的样本观察值平均值相减，得到的数取绝对值后组建差异矩阵。样本数据来源于 EPS 数据库、国家和地区统计年鉴。

（二）QAP 相关性分析

QAP 相关分析首先要计算矩阵长向量间的相关性，然后随机置换矩阵行列并重新计算，反复多次，即可得到相关系数分布。随机置换次数设置为 5000 次，利用 R 语言对我国区域生产性服务业发展的空间关联网络及其影响因素进行检验，得到相关系数结果见表 3.14。

由表 3.14 可见，样本期间我国区域生产性服务业发展的空间关联网络与地理邻接矩阵的相关系数显著为正，说明地理位置相邻地区间生产性服务业发展的空间依赖性更强。制造业集聚水平的空间差异矩阵相关系数显著为负，且影响最为突出，说明制造业集聚水平的相近性是地区间生产性服务业发展空间关联的一个重要因素，制造业自身集聚发展可以带动生产性服务业的发展，进而对生产性服务业集聚发展产生促进效应。信息化水平空间差异矩阵相关系数为负，且未通过显著性检验，说明信息化水平对我国地区间生产性服务业发展的内部关联影响较大，我国信息化正处于高速发展阶段，其对各地区生产性服务业发展的拉动效应开始显现。人力资本水平的空间差异矩阵相关系数不显著，说明人力资本水平相近这一因素对地区间生产性服务业发展的空间关联性影响不大，系数为负表明地区间人力资本水平越相近，生产性服务业更能够在发展过程中利用区域间的高素质人才，进而产生融合溢出。

测算结果表明：样本期间我国生产性服务业发展空间关联网络与反映经济发展水平的人均 GDP 差异矩阵（$Pgdpc$）相关系数显著为负，说明经济发展水平相近是各地区生产性服务业发展产生空间关联的又一重要因素。经济发展水平较高的地区之间生产性服务业发展的空间关联更强。经济开放度（$Openc$）空间差异矩阵的相关系数显著为负，说明开放程度越相近的地区生产性服务业发展的内部关联越紧密，提升区域经济开放水平有利于深化生产性服务业体系，促进生产性服务业协同发展。政府支持力度（*Govc*）差异矩阵与我国各地区间生产性服务业发展的空间关联矩阵相关系数为负，但不显著，说明地方政府对生产性服务业发展的支持作用较小，生产性服务业的发展更多依靠市场化程度的提高和产业内生动力。参照周游等（2021）的做法，后文进行 QAP 回归分析时剔除相关系数不显著的变量。

表 3.14　地方生产性服务业发展的空间关联矩阵与其影响因素的相关性分析

变量	系数	显著性水平	标准差	$P\geqslant0$	$P\leqslant0$
S	0.102**	0.039	0.102	0.039	0.941
Manufc	−0.375**	0.041	0.173	0.041	0.959
Informc	−0.105*	0.379	0.147	0.503	0.487
Humc	−0.031	0.072	0.153	0.072	0.927
Pgdpc	−0.243**	0.016	0.169	0.016	0.944
Openc	−0.116**	0.022	0.178	0.021	0.981
Govc	−0.009	0.320	0.142	0.322	0.634

注：*、**、***分别表示在 10%、5%、1%显著性水平下显著。

进一步对 5 个存在显著影响的自变量进行 QAP 相关性分析，发现地理邻接矩阵、制造业集聚水平差异矩阵（*Manufc*）、信息化水平差异矩阵（*Informc*）、人均国内生产总值差异矩阵（*Pgdpc*）和经济开放度（*Openc*）在 10%水平上均存在高度相关性，因此这 5 个自变量矩阵对因变量的影响可能存在多重共线性，这也进一步验证了使用 QAP 方法实证检验的合理性。

（三）QAP 回归分析

QAP 回归分析基本原理是先对自变量矩阵与因变量矩阵进行多元回归，然后随机置换因变量（地方生产性服务业发展的空间关联矩阵）的各行列重新估算（随机置换次数同 QAP 相关分析），其主要目的是得出各影响因素对生产性服务业发展空间关联矩阵的作用系数，并考察回归方程整体和变量的显著性。表3.15回归结果显示，样本期间回归方程的拟合优度为72.2%，说明地理邻接矩阵、制造业集聚水平差异矩阵（*Manufc*）、信息化水平差异矩阵（*Informc*）、人均国内生产总值差异矩阵（*Pgdpc*）和经济开放度（*Openc*）等5个变量可共同解释中国区域生产性服务业空间关联关系的72.2%。单尾检验概率为0，这说明因变量行列随机置换后，重新回归的方程调整后的拟合优度在1%显著性水平上显著。网络最大可能边数756代表我国28个样本省市区生产性服务业空间关联网络的最大可能关系数总共为28×（28−1）=756条。

表3.15的最终回归表明，在自变量中，地理进阶矩阵S的估算系数为正，且通过5%显著性水平检验，地区相邻对生产性服务业发展的空间关联产生了重要作用，中国区域生产性服务业发展具有“邻里互动”的典型效应。制造业集聚水平差异矩阵（*Manufc*）、人均国内生产总值差异矩阵（*Pgdpc*）的估算系数显著为负，说明制造业集聚水平和经济发展水平越相近的地区，其生产性服务业发展的关联性越强，因此中国区域生产性服务业发展呈现区域经济“俱乐部集团”现象。信息化水平差异矩阵（*Informc*）变量的回归系数在10%水平下显著为正，说明信息化水平相近是我国区域生产性服务业发展产生空间关联的重要因素，各地区生产性服务业发展正处于对信息化高速发展需求的关键期。经济开放度差异（*openc*）回归系数通过10%显著性水平检验，说明经济开放程度相近是解释中国区域生产性服务业空间关联的重要因素。总体而言，中国区域生产性服务业的关联发展存在“门当户对”的显著特征。可能的原因是，在晋升锦标赛制和财政分成制体系下我国地方政府之间更多瞄准经济发展条件接近的地区采取针对性的发展策略，进而为达到发展目标执行相应的发展方案，因此，经济发展条件相近的地区间生产性服务业发展的关联性更强。

表3.15　各因素影响地方生产性服务业空间关联的QAP回归结果

变量	截距项	*S*	*Manufc*	*Humc*	*Pgdpc*	*Openc*
系数	0.311	0.125**	−0.312**	−0.201*	−0.162***	−0.096*
R^2	0.761	—	—	—	—	—
调整后 R^2	0.722	—	—	—	—	—

续表

变量	截距项	S	$Manufc$	$Humc$	$Pgdpc$	$Openc$
概率	0.000	—	—	—	—	—
网络最大可能边数	756	—	—	—	—	—

注：*、**、***解释同表 3.13。

第四节　我国生产性服务业出口的现状与问题分析

基于细分行业和总体概况的角度对我国生产性服务业出口现状予以全面把握和描述性分析，以探讨生产性服务业出口对我国经济的影响机制和具体作用。

一、生产性服务业的内涵及分类

（一）生产性服务业的内涵

美国经济学家马克卢普在 20 世纪 60 年代中就对生产性服务业给出较好的内涵和定义。他提出生产出知识的产业且这知识是专业的知识就是生产性服务业的内涵。格林菲德尔站在服务对象的角度对其下了一个定义，是指生产者向消费者提供服务产品和劳动成果的行业，并不是依据消费者想要的劳动成果或需要的服务产品而定义的。我国政府对生产性服务业的定义及分类给予相当大的重视并出台了文件，我国在《中华人民共和国国民经济和社会发展第十一个五年规划纲要》就第一次以消费性服务业的定义为依据将其定义的。是指在工业中为保障工业技术和产业升级以及生产的持续性而提高的一项服务业；而是从传统的制造业中的服务部门衍生而来的，并与制造业与之匹配的行业，它不是对消费者予以提高直接产品，而为制造业或其他类型的企业给予一种知识资本和人力资源的服务支持，进而使得产业升级予以快速，是衔接我国第二、三产业相互融合的一个中间载体和关键因子。

（二）生产性服务业的分类

我国不同地区对于生产性服务业分类有一些差异性，比如在香港地区就将生产性服务业分为了工商服务业、通信业、国际贸易业、运输仓储业、法律及其他工商服务业、银行业、保险业、经纪业、机械及租赁设备业等。而在台湾地区将其分为了金融服务业、中介服务业、信息服务及与贸易相关的服务业都属于生产性服务业的范畴。在经济发展过程中，服务业作为一类大的产业，本身涉及了多个门类，其中行业颇为复杂，不管是在学术当中还是行业当中对于生产性服务业的细分种类是一个有着很大差异性的难题，不同人对此给予的分类有着自己的想法和观点，而生产性服务业在服务业中的经济贡献却是非常大的，学者及政府部门在这个问题上都有着很多不同的见解。本书总结前人研究成果，考虑我国产业的时间情况和数据的可获取性，采用了 2019 年国家统计局在《生产性服务业统计分类（2019）》产业的划分目录，我国又对生产性服务业给予修订和划分，进而将生产性服务类细分得更加全面和更具说服力，包括仓储业、快递业、交通运输业、计算机和信息服务业、金融和保险业、房地产业、中介服务及科技成果转化服务等很多行业。

二、我国生产性服务业出口的规模

自 2000 年以来，我国的生产性服务贸易获得了快速发展。从表 3.16 和图 3.7 可知，生产性服务业出口额在 2000 年仅为 118.2 亿美元，到 2018 年已高达 1 175亿美元，其年均增长率达到 16.23％，虽然其出口额在 2001 年、2012 年和 2018 年出现下滑，但整体呈上升趋势。2006 年出口增长率达到极值 56.13％，2014 年以后由于我国经济增速放缓，生产性服务业出口的增长速度也有所下行，但其出口额的年均增长速度在 2000—2018 年期间仍为 16.23％。我国之所以有这么大的生产性服务出口额是因为我国在加入 WTO 后积极参与各国贸易往来有着很大的关联性的。2012 年我国生产性服务贸易出口额比 2011 年减少了 154.90 亿美金，同比下降 16.33％。我国的生产性服务业因 2008 年爆发的金融危机原因而遭受了巨大的冲击，进而导致出口额大量下滑。

表 3.16　我国近五年生产性服务业出口的总额

年份	总额（亿美元）	增长率（%）
2014	980	0
2015	1250	27.5
2016	1300	4.1
2017	1400	7.7
2018	1175	－16.1

数据来源：国家统计局。

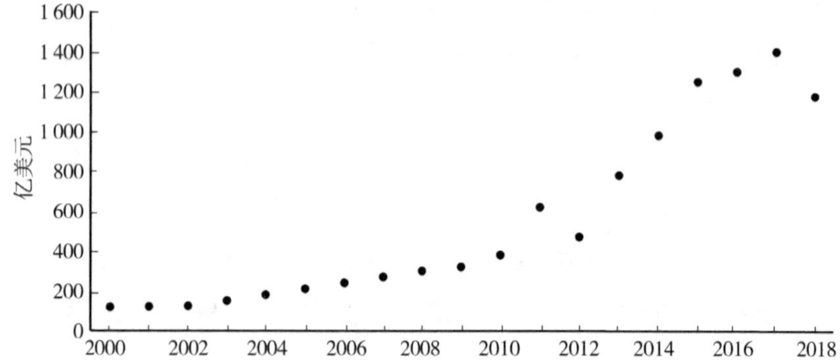

图 3.7　我国生产性服务业出口额

数据来源：国家统计局。

三、我国生产性服务业出口各行业的分布

相比 2000 年，2018 年其他商业服务出口占比由 64.97%降到 1.19%，其出口规模极大缩小；运输服务出口占比上升，2018 年增长到 32.51%，在生产性服务业出口中仍占据重要位置。2018 年咨询服务出口占比上升到 36.51%，超过运输服务占比 4 个百分点，取代运输服务成为占比最大的行业。其次是电信、计算机和信息服务，其出口占比由 2000 年的 2.96%增长到 2018 年的 17.19%，从这些数据对比中可以知道，电信、计算机和信息等行业在最近这些年来其发展势头比较迅猛的，其他细分行业占比均低于 5%。从 2000 年到 2018 年，金融、保险、广告宣传服务出口占比分别上升 3.58%、2.47%、2.23%，达到 3.83%、

3.91%、4.26%，相对其他生产性服务业出口规模而言，我国的保险、金融及广告宣传服务出口发展十分缓慢（图 3.8、3.9）。专利使用和特许费出口占比从2000—2018 仅上升为 18%，可见我国创新能力依然不高。但是我国呈现了新型服务业出口呈上涨而传统产业呈不断下滑的走势，说明我国生产性服务业结构有些不科学且有待调整和优化。

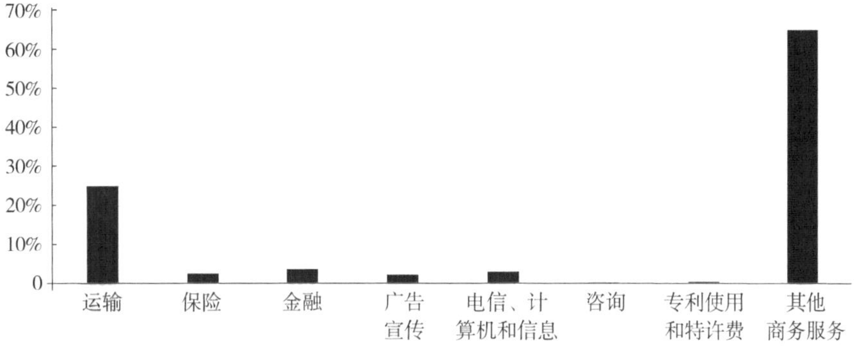

图 3.8　2018 年生产性服务业细分行业出口占比

数据来源：国家统计局。

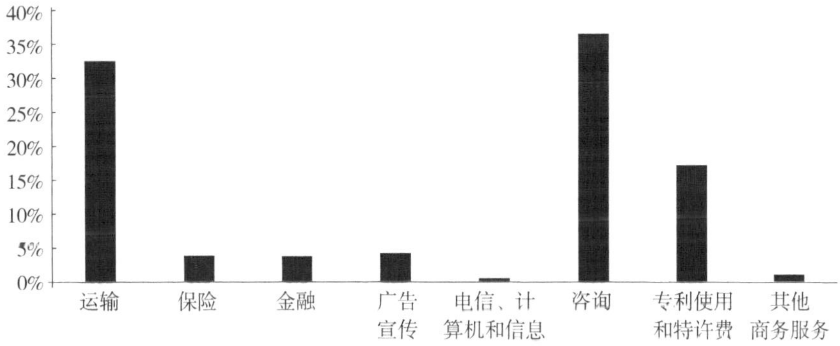

图 3.9　2019 年生产性服务业细分行业出口占比

数据来源：国家统计局。

虽然我国生产性服务贸易结构不断优化，但是明显不如加拿大、德国、美国、意大利等发达国家。由表 3.17 可知，我国只有运输服务和电信、计算机和信息服务占比较大，其他行业占比非常小，行业的发展极不均衡；美国的运输业、金融业和特许权与专利费业接近 30%，占生产性服务贸易总额比值高达

85.97%，其中特许权与专利费比重最高，为 36.86 %，远远超过其他国家，这也反映了美国在科技发展方面取得的巨大成就的原因。加拿大金融业发展的最好，金融贸易在生产性服务贸易中的比重为 40.35%。德国是这些国家中各生产性细分服务中业发展都比较好且均衡。

表 **3.17** 我国与其他国家生产性服务业出口结构对比

行业	美国	加拿大	德国	意大利	中国
运输	25.94%	23.81%	14.11%	54.69%	58.89%
电信、计算机和信息	9.83%	17.71%	17.41%	18.16%	27.22%
保险	4.51%	10.61%	14.03%	4.7%	6.43%
金融	24.19%	40.41%	11.12%	7.71%	5.05%
特许权和专利费	36.87%	8.51%	13.4%	13.85%	1.44%

数据来源：UNCTAD 数据库。

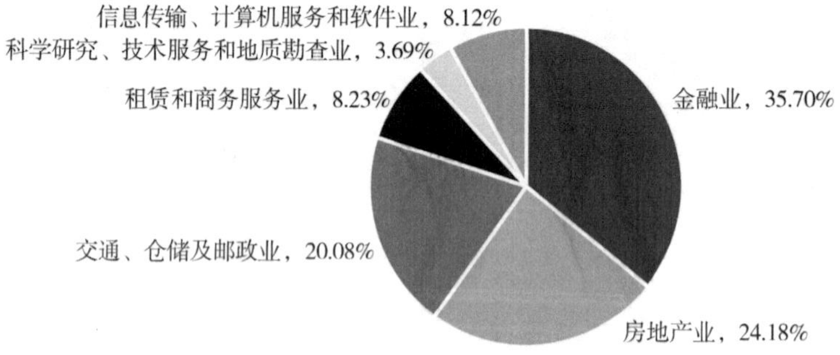

图 3.10　2018 年我国生产性服务业的内部产业增加值构成

数据来源：国家统计局。

从“十一五”以来各生产性服务业增长量中可以知道，生产性服务业水平在整体上较以前有着很大的提升，各生产性服务业因整体水平的发展而得到了较持续上涨地向前推进，各生产性服务业较以前有了很大的改善和提升作用。我国金融业 2012 年到 2018 年这 7 年时间就呈现出迅猛发展的走势，与以前相比总增加了 822.67 亿元，与同时期相比是增加了 9 倍多。由图 3.10 可知，在 2018 年，金融业发展最为领先，其生产总值远高于其他几个行业，约占生产性服务业生产总值的 35.7 %，其次是房地产业和交通、仓储及邮政业在服务业总值位列二、三位，分别为 24.18 %和 20.08%。而信息传输、计算机服务和软件业及租赁和商务服务业这两个行业的发展相差无几，分别在总值中占到 8.12 %和 8.23 %。我国在科学研究、技术服务和地质勘查业生产性服务业的发展是不太乐观的，仅为 3.69 %。我国要对科技这一块给予较大的资金支持和帮助，以促其发展，进而将在生产性服务业各细分行业结构中，要予以继续调整和优化，以促其均衡发展。

四、我国生产性服务业的区域分布

近年来，我国各地区在生产性服务各细分行业随着经济发展呈现出迅猛增加地势头，各地生产性服务水平因地方条件的差异和资金强弱而呈现出不少的差异性。对我国生产性服务业的区域进行了统计，将我国生产性服务业投入分为三个等级：高度投入地区、中度投入地区和低度投入地区，结果如表 3.18 所示。有 7 个省是处于国家下拨经费最高这一类中，山东在所有省区市中下拨经费最高，为 228.8 亿元，四川和广东在所有省区市中下拨经费排名二、三位，分别为 217.3 亿元和 183.1 亿元，最低的为河南，投入额为 129.6 亿元。有 13 个省份是处于国家下拨经费中度这一类中的，广西在中度地区下拨经费排名最高为 82.5 亿元，而陕西在中度地区下拨经费排名最低为 43.6 亿元；低度投入地区共有 11 个省份，最高的为山西，投入额为 36.3 亿元，由于特殊的生产性服务性产业结构，海南的投资额仅为 2.3 亿元。这些数据表明，各地区生产性服务业投资差异比较大，高投入地区基本分布在沿海地区，低投入地区主要分布西部地区。

表 **3.18**　**2018** 年我国生产性服务业的区域分布情况（单位：亿元）

划分标准	省份	数量
高度投入地区（投资额＞100）	河北、江苏、浙江、山东、河南、广东、四川	7
中度投入地区（40＜投资额＜100）	重庆、云南、陕西、北京、吉林、黑龙江、安徽、福建、江西、湖北、湖南、广西、新疆	13
低度投入地区（投资额＜40）	辽宁、上海、海南、天津、山西、内蒙古、贵州、西藏、甘肃、青海、宁夏	11

数据来源：国家统计局。

五、我国生产性服务业出口发展存在的问题

本小节在我国生产性服务业出口的发展现状的基础上，分析其存在的问题。

（一）生产性服务业出口设施基础薄弱

我国将生产性服务业划到了知识和技术这一类型行业中，在这个行业中要长期投入更多的金钱和精力方可看到其出口额的迅猛增加。从金融保险、现代物流、信息服务、专业技术服务等生产性服务子类中可以知道，这些行业既要很丰富的理论作为指导，又要实践经验丰富作为依托促其发展，更需要引导政府在教育中多投入经费且长时间内才能看到效果的积累。金融保险、现代物流、管理咨询、信息服务、专业技术服务分别占 25%、20%、15%、15.5%、21%（图 3.11）。中国的教育情况还处于比较落后的状态，我们国家用于教育方面的经费还没有到全球平均 4%的水准。另外，在这有限的基础投入中，我国在生产性服务出口存在着普遍的重视硬件投入而轻视软件投入的倾向。这势必影响我国生产性服务业的发展动力。中国公共服务还没有达到向美国等发达国家看齐的水平，有很大空间将公共服务这块予以改进和加强。当前我国政府职能处于转变期，政府在经济中的具体作用有所调整，导致行业服务机构与政府管理部门的关系上不够明确，严重影响生产性服务业出口的发展。

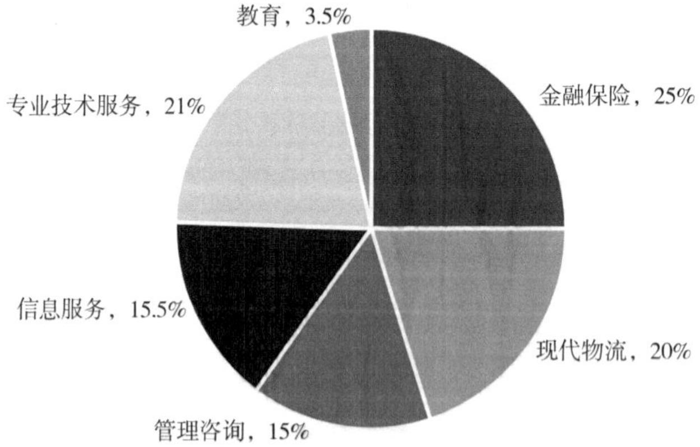

图 3.11　我国生产性服务业出口设施建设情况

数据来源：国家统计局。

（二）生产性服务业规模偏小

服务业在我国经济中贡献比较大，力量占总值的70%，而生产性服务业产值要达到服务业总值的70%。在中国澳门、美国洛杉矶和加拿大等发达地区的服务业及生产性服务业数据中可以知道，这两方面在总值中所占比重高于70%。我国其他各城市中的生产性服务业和服务业因经济增长而有了较快的增加，但这两项在该地区总值所持有的比例是远小于70%，与国外发达地区有很大差别，从总体来看，生产性服务业出口在2018年达到2565.2亿元，生产总值的总额不高，与美国、日本的生产性服务业增加值相比较，我国生产性服务业出口逐年增加，在2018年占全世界出口的3.6%，低于日本的4.6%，远低于美国的15%，可见，我国生产性服务业发展水平处于中等（表3.19）。我国生产性服务水平在国际上依然较弱，尤其是生产性服务业与美国和日本相比还有较大的提升空间。

表 **3.19** 近年美、中、日生产性服务业出口额占国际比例（%）

国家	2013	2014	2015	2016	2017	2018
中国	2.4	2.6	2.9	3.3	3.5	3.6
日本	5.3	5.4	5.1	4.6	4.5	4.6
美国	15.1	14.7	14.0	13.7	13.3	15.0
世界	100	100	100	100	100	100

数据来源：我国贸易统计局。

（三）生产性服务业出口贸易开放度较低

我国生产性服务业出口贸易开放度较低。中国在对待生产性服务各行业的价格制定有些苛刻和歧视，对这些细分服务业发展有着很大的阻碍和限制作用。比如工业上的用电价格要比生产性服务业用电便宜很多，而工业所生产的产品要根据市场供需关系进而形成一个价格，是要比生产性服务业所生产的产品价格要贵很多。与美国、日本生产性服务业开放度相比，美国贸易开放度从2013—2018年一直高于我国，我国生产性服务行业贸易开放度在2018年为9.3%，是美国的一半，但高于日本的6.7%。可见，美国等发达国家在生产性服务业中的对外开放程度要比我们国家的开放程度高得多（表3.20）。生产性细分服务业中的咨询、法律和会计服务在税收方面要全额缴纳营业税和增值税，但在缴税时并没有将用于人力资本的成本费用计入生产性服务业所得税中来，这无形之中对生产性服务业的税收予以加重了。中国国家并没有融资担保方面给予生产性服务业一定的倾斜政策。生产性服务业在我们国家是规模比较小的企业且具备一定的风险，尤其是生产性服务业与各商业银行进行交易所用掉的费用是比其他企业要高得多。而生产性服务业以无形的服务为主，都是人力在运转且实物资产较少，难以在银行靠实物抵押来帮助生产性服务业筹得资金。

表 3.20　中、日、美近年生产性服务业贸易开放度（%）

国家	2013	2014	2015	2016	2017	2018
中国	10.1	12.0	20.2	10.3	6.1	9.3
日本	15.2	10.5	9.9	13.4	15.3	6.7
美国	20.3	30.3	44.2	20.5	16.3	19.8

数据来源：国家统计局。

（四）生产性服务业出口结构不合理

中国生产性服务业出口总值在经济发展中的作用越来越明显，生产性服务业的结构升级与转换也随之出现，但是在各内部行业间发展存在不平衡现象。金融业在我国地区经济中给予最大的支撑，且邮政业、仓储及交通运输业在地区经济中也贡献了较大的力量和作用，分别在 2017 年实现增加值 915.65 亿元和 515.15 亿元，占服务业的 20.4 % 和 11.5 %。由表 3.21 可知，我国只有运输及电信、计算机和信息服务业占比较大，其他行业占比非常小，行业的发展极不均衡；美国的运输业、金融业和特许权接近 30%，占生产性服务贸易总额比值高达 49.11%，特许权与专利费在这些细分行业占据着最高的比例，为 36.86%，在这方面比其他国家有较高的优势，这是美国科技为何高度发达的缘故；英国金融业发展的最好，金融业在生产性服务业中的比重为 40.35%。德国是这些国家中各生产性细分服务中发展较好，其中运输服务在所有生产性服务业中是做到最好的，而其他细分行业则是差不多相似的发展。中国在一些高技术的生产性服务业如保险、特许权与专利费等方面的发展在国际中是处于非常弱势的产业，低于全球总产值的5%，当前的生产性服务结构现状亟待优化和进一步调整。

表 3.21　我国与发达国家在生产性服务业结构的对比

行业	美国	英国	德国	法国	中国
运输	24.93%	22.88%	44.11%	55.69%	59.89%
电信、计算机和信息	9.82%	17.7%	27.36%	18.15%	27.21%
保险	4.51%	4.51%	10.61%	4.02%	4.6%
金融	24.18%	40.35%	11.12%	7.72%	5.04%
特许权与专利费	36.86%	36.86%	8.46%	13.38%	1.43%

数据来源：国家统计局。

（五）生产性服务业与制造业的关联性弱

由中国在制造业和生产性服务业的统计数据中可知，生产性服务业在一定程度上对制造业的出口有促进作用，生产性服务业每增加1%就能促进制造业增加0.33%的出口额。同时，制造业出口额增加1%，生产性服务业出口额随之上升0.22%（图3.12）。由此可知，制造业与我国生产性服务业的相关性较弱，生产性服务业出口因规模扩增及科技研发的增加而呈现上升的走势，我国生产性服务出口随外资额度的增加呈现出较快的增长势头（表3.22）；生产性服务业出口随着贸易开放度的加深和FDI资金的增加呈现出上涨的趋势，但我国生产服务业出口额受制于当前较低的服务水平。

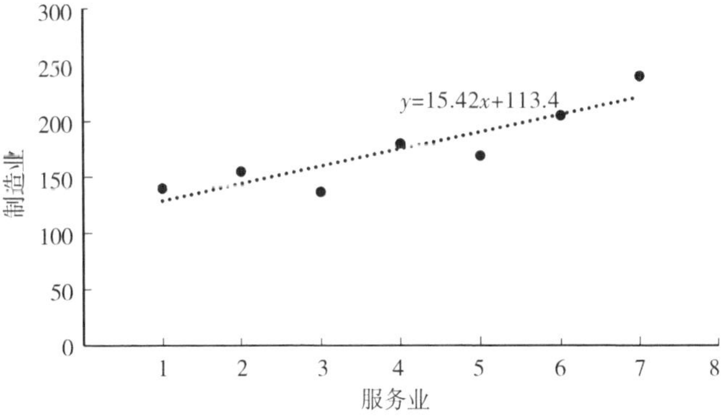

图 3.12　中国制造业与生产性服务业的关联性分析

数据来源：国家统计局。

表 3.22　近两年我国制造业与生产性服务业的出口总额

行业	2017	2018
生产性服务业	1400 亿美元	1175 亿美元
制造业	1600 亿美元	1250 亿美元

数据来源：国家统计局。

第五节　本章小结

首先，基于跨国专利申请数据分析全球知识产权申请完全网络的特征和 Top1O 网络的社群结构和演化趋势，探究了全球范围内不同国家创新能力的地位和影响力。与以往研究不同，本章主要考察节点国家跨国专利引用量处于最高水平的边形成的排名网络，以更加简洁明晰的方式展示全球知识产权申请网络社群结构变迁动态及各国在社群中的角色。

研究发现，1996—2015 年期间，62 国样本数据涵盖跨国专利申请数同期全球跨国专利申请总数的 96.037%，而跨国专利申请 Top1O 网络覆盖了样本国家完全网络中 43.926%的专利申请数量。研究结果表明，全球跨国专利申请完全网络的边数逐渐增多，美国、日本、德国等发达国家在全球跨国专利申请的完全网络和 Top1O 网络中一直处于稳定的中心地位，中国在全球跨国专利申请完全网络的控制力和影响力不断提高，但在 Top1O 网络中处在边缘地位；全球跨国专利申请 Top1O 网络的社群结构明显，但社群数逐渐减少，且存在小社群逐渐融汇成为大社群的“集中化”现象；以美国、德国、日本为代表的少数发达国家对全球跨国专利申请 Top1O 网络的社群发展有决定性的影响，而以中国为代表的发展中国家则影响有限。

研究结论对提高中国创新能力在全球范围内的地位和影响的指导意义在于：(1) 需进一步加大研发投入，注重社会创新制度建设和创新型人才的培养，增强中国专利技术在国际市场上的影响力，努力形成基于自有技术的国际竞争新优势。(2) 利用跨国公司在华专利申请的技术外溢效应积极学习和吸收外国先进技术，不断缩小与发达国家的技术差距。目前，处于跨国专利申请网络中心的国家是美国、日本和德国等发达国家，我国需通过加强技术交流与合作、收购外国企业等多种手段更好地学习和吸收这些国家的技术来促进国内的生产，在技术模仿的基础上提升自主创新能力并最终实现追赶和超越。

其次，与以往研究视角限在相邻或相近地区的空间分析不同，本章运用复杂网络方法对中国生产性服务业发展的空间网络关联进行了新视角分析，进而更全面地探究了我国区域生产性服务业发展的整体互动和演化特征。研究发现：（1）样本期间中国地区生产性服务业发展的空间关联网络中存在257条关联关系，且网络关联度指标分析结果显示网络的连通性和稳定性较好，节点间相互影响的传递速度较快；我国生产性服务业发展的空间关联网络具有明显的“中心—外围”特征，而西部地区在中国生产性服务业发展的空间关联网络中起的“桥梁作用”更大。（2）中国生产性服务业发展的空间关联网络中存在四大板块，“双向溢出板块”总共有11个地区，其对板块内部成员和外部成员均产生了较明显的溢出效应；“经纪人板块”总共有8个地区，其对生产性服务业发展的空间溢出起到“中间人”作用；“主受益板块”总共有4个地区，该板块成员间的关系数大于外部关系数；“净溢出板块”总共有5个地区，该板块成员主要向网络其他成员发送关系，但对板块内部成员发出的关系很少。（3）QAP相关性分析结果显示：各省份地理邻近，制造业集聚水平、人力资本水平、经济发展水平和经济开放水平的差异对我国地区生产性服务业空间关联具有显著的促进作用，但经济开放度和政府支持力度的差异对生产性服务业的空间关联影响并不显著。（4）QAP回归分析结果显示：地理邻接矩阵、制造业集聚水平、人力资本水平、经济发展水平和经济开放水平的差异矩阵可共同解释样本期间71.3%的生产性服务业发展空间关联性，并且我国生产性服务发展具有典型的“邻里互动”“门当户对”和“俱乐部集团”特征。

上述结论对加快生产性服务业创新发展、推进服务业提质增效，助力区域经济高质量协调发展具有重要启示：（1）中央应将地方生产性服务业发展的空间关联作为制定生产性服务业集聚发展政策的重要变量，同时将推动各地区生产性服务发展的紧密合作，创造更多空间溢出“途径”作为重要政策目标。在充分考虑各省区生产性服务业发展差异的基础上，充分发挥生产性服务业集聚中心的辐射作用，带动落后地区生产性服务业加速发展。(2) 促进区域生产性服务业协同发展，探索实现各地区生产性服务业均衡发展。我国生产性服务业发展的空间关联网络中存在四大板块，应进一步发挥北京市、四川省、河北省、浙江省等“双向溢出板块”的关键引擎作用，促进广东省、江西省、安徽省、天津市等处在“经纪人板块”省份的传导作用，同时应打破生产性服务业发展的要素壁垒，从政策层面扶持“主受益和净溢出”板块地区，促进落后地区对发达省份空间溢出的有效吸收。(3) 推动生产性服务业发展的合作平台建设。地方生产性服务业发展既具有“邻里互动”特征，又表现出制造业集聚水平和经济发展水平的“俱乐部集团”效应，且人力资本水平和经济开放水平相近的地区间空间溢出效果更明显。因此，通过搭建生产性服务业发展的合作平台，改善落后省份生产性服务业发展条件，降低各板块地区生产性服务业发展的条件差异，对促进中国各地区生产性服务业发展的空间溢出意义重大。

第四章　知识产权保护驱动生产性服务业内部结构升级效应研究

近年来，服务业增加值在我国国内生产总值中的占比不断上升，且在2013年首次超越制造业，成为推动我国经济转型发展的新引擎，但服务业在规模不断扩张的同时也伴随着内部结构亟待优化的问题（唐保庆等，2022）。服务业内部结构优化不仅体现了我国知识密集型服务业占比的不断提高，也反映了我国服务业的跨国竞争力不断增强，有助于我国服务业向全球价值链高端延伸。然而，由于服务业企业的技术创新缺乏足够激励，我国高端层次、高附加值知识密集型服务业的有效供给严重短缺，服务业整体仍呈现“低端竞争激烈，高端发展不足”的失衡态势。据国家统计局公布的数据，2018年我国以信息传输、科学研究等为代表的知识密集型服务业占国内生产总值的比例仅20%左右，而作为高端制造业集聚地的德国，其现代服务业的相应占比高达50%。这表明，大力发展高层次和高技术服务业，推动服务业内部结构不断优化已经成为我国服务业供给侧结构性改革中亟待完成的任务。

本章构建了中国省级服务业内部结构优化和知识产权保护的空间关联网络，并基于复杂网络分析法，实证检验了知识产权保护与服务业内部结构优化空间关联的关系。结果表明：中国各省份服务业内部结构优化与知识产权保护空间关联网络分别存在107个和142个空间关联渠道，其网络通达性和稳定性较好；东部省份在网络中的中心地位明显，且在网络中起到的“桥梁”作用更大。进一步进行QAP相关和回归分析发现：知识产权保护以及地理位置邻接对服务业内部结构优化的空间关联和空间溢出有显著的正向影响，知识密集型服务业的增长具有“近水楼台先得月”的效应。研究结论补充和完善了知识产权保护与产业转型升级理论，为提升我国知识产权保护水平、促进服务业内部结构优化提供了决策支持。

本章结构安排如下：第 1 部分将讨论知识产权保护和服务业内部结构优化空间关联网络的构建方法；第 2 部分将分析中国区域服务业内部结构优化和知识产权保护空间关联网络的特征；第 3 部分将基于 QAP 方法分析知识产权保护网络对中国各省份服务业内部结构优化空间关联的影响，并进行稳健性检验；第 4 部分得出结论和政策启示。

第一节　空间关联网络结构的构建及特征事实

一、服务业内部结构优化与知识产权保护网络构建方法

我国区域服务业结构优化的空间关联网络是省（区、市）服务业结构优化关系的集合。各省（区、市）构成了网络框架中的节点，各省份之间在服务业内部结构优化的空间关联关系是复杂网络中的“边”。由节点和边线组合便构成省级服务业内部结构优化的复杂网络。借鉴唐保庆等（2018）的测算方法，将服务业按知识密集型和非知识密集型行业进行划分，用各省份知识密集型服务业增加值[①]占其服务业增加值的比重测算当地服务业内部结构优化状况。为刻画各省份服务业内部结构优化之间的空间关联效应，拟选择格兰杰因果关系检验（VAR Granger causality）方法来实现。由于各省份间服务业内部结构优化的空间关联网络是一种区域间的动态关联关系，各省（区、市）的服务业内部结构优化本身是内生变量，选择最小二乘法等结构化方法估计将导致参数估计结果有偏误，因而选择 VAR 这种非结构化方法来估计。本研究的基本思路是利用 VAR 格兰杰

① 本书的知识密集型服务业包括信息传输、计算机服务和软件业，金融业，科学研究、技术服务和地质勘查业，教育业。数据来源于各省（区、市）的历年统计年鉴和 EPS 数据库。

因果检验判断两省份间服务业内部结构优化是否存在动态关联，若检验结果表明A省份的服务业内部结构优化显著影响了B省份服务业内部结构优化，则在复杂网络中形成一条由节点A指向节点B的有向关系线，表征这两个各省份之间的服务业内部结构优化是显著关联的。然后，依此方法再检验其他两两省市区间的有向关联，画出复杂网络中的有向连接线，进而形成我国各省份服务业内部结构优化的有向空间关联网络。

区域知识产权保护强度的测定：国际上通用$G-P$指数测算知识产权保护的立法水平[①]，但该方法只是静态分析，且无法反映知识产权保护的实际效果，因此借鉴蔡玲和申君歌（2018）、郑长云（2019）的方法，将执法效果纳入指标综合衡量。具体而言，某省份知识产权保护水平$IPR_{it}=L_{it}\times E_{it}$，其中，$L_{it}$和$E_{it}$分别表示$i$省（区、市）第$t$年知识产权保护的立法水平和执法水平，$L_{it}$的计算参考韩玉雄等（2005）的方法用国家层面的$G-P$指数表示，$E_{it}$的高低通过某省（区、市）社会法制化程度（当$i$省（区、市）第$t$年的律师数占总人口比值超0.05%，取值为1，若小于0.05%，则用实际值除以0.05%）、政府的执法态度（用i省（区、市）第t年的专利侵权案件的结案率衡量）、相关服务机构配备（用该省（区、市）律所中能办理知识产权纠纷的律所比值表示）和社会知识产权保护意识（当该省（区、市）每万人拥有专利申请量不低于10件，则该指标记为1分，若少于10件，则用实际值的十分之一表示）四个指标最后得分的加权平均衡量（各指标权重一致）。该指标值越大，表明该省（区、市）知识产权保护的立法和执法综合水平更高。同时，采用与构建各省份生产性服务业内部结构空间关联网络相同的方法构建知识产权保护变量的空间关联网络。

二、服务业内部结构升级与知识产权保护网络的特征指标

鉴于我国各省份知识产权保护和服务业内部结构优化的空间关联网络具有拓扑性质，且网络的拓扑性质和演化规律无法用随机图范式解释，因此，选择网络

① 该方法的基本思路是，首先对一国或地区的专利法覆盖范围、专利国际协定参加情况、侵害专利条款、执法措施和专利保护期限等5个指标打分，然后通过加权平均得出综合指数。

特征分析中应用最广泛的指标进行分析，这些指标主要包含节点度数、网络密度、节点关联性分析。

（一）节点数、出入度和网络密度

在区域知识产权保护和服务业内部结构的空间关联网络中，节点数是指剔除与其他省份无任何关系的省份后剩余的省（区、市）数量；密度主要用来衡量网络的紧密程度，若固定规模的节点之间的连线越多，则得到的网络图密度就越大。我国各省份知识产权保护强度和服务业内部结构优化空间关联网络的密度等于 Granger 因果检验得到的显著关系数与理论上存在的所有关系数（如有 28 个节点，则理论上可能存在最多 28×27=756 个关系）之间的比值。在一个有向网络中，若网络中的节点数为 m，实际存在的线数为 n，则该网络的密度可表示为 n/m（$m-1$），由此可见，该指标的取值区间为（0，1]，指标值越大表明各省（区、市）知识产权保护与服务业内部结构优化的空间关联网络的关联通道越多。因此，如果网络的密度不断增加说明网络的边数越多，关系网越稠密。

（二）关联性分析

如果网络节点形成的片区数为 1，则说明这些网络节点形成的集体具有关联性，节点间可达的路径越多，网络的关联性越强。在有向网络中，可通过“可达性”指标度量关联性，若网络中出现部分节点之间无可达路径，则说明节点形成的网络关联性不强。关联度可用如下公式计算：$C=1-V/N$（$N-1$）/2，式中 V 代表该网络无可达路径的点对数量，N 是网络的节点总数。

在社会网络分析领域，网络等极度是衡量节点关联性的另一重要指标，该指标反映了网络中的节点间不对称可以到达的程度。网络等极度的计算公式为 $GH=1-V/\max$（V），其中 V 等于网络中可对称通达的点对数，max（V）等于 i 可以到达 j 或者 j 可以到达 i 的点对数目，由此可见，网络等极度往往是针对有向图，对知识产权保护和服务业内部结构关联网络非常适用。

网络效率是衡量节点关联性的又一个关键指标，它是指当确定网络图包含的组件时，图中存在冗余线的程度。网络效率的测度如下：$GE=1-V/\max$（V），其中，V 和 max（V）分别表示网络图中冗余线条的数量和理论上存在的最多冗余线条数量。在空间关联网络中，若得到该指标的值越小，表明网络的空间溢出网络效率越低，相互关联管道越多，网络整体结构也越稳定。

（三）中心性分析

在复杂网络中，体现节点在网络中的地位和角色的指标主要有绝对点度中心度和相对中间中心度。在有向网络中，任一节点的绝对点度中心度等于该点的点出度（K^{out}）与点入度（K^{in}）之和。当 i 省（区、市）知识产权保护和生产性服务业内部结构对 j 省（区、市）有影响时 $a_{ij}=1$，否则 $a_{ij}=0$，因此，省区 i 的出度数 $K_i^{out}=\sum_j a_{i,j}$，表示受省区 i 知识产权保护和生产性服务业内部结构显著影响的省区数量；i 省（区、市）的入度数 $K_i^{in}=\sum_j a_{j,i}$，表示 i 省（区、市）知识产权保护和生产性服务业内部结构被其他省份显著影响的关系数。Freeman（1979）认为，在社会网络中，度数较低的节点可能比度数较高的节点所起到的桥梁作用更明显，其中间中心性也更强，因此提出了节点的相对中间中心度概念。测算公式为：$C_{RBi}=2C_{ABi}/(n^2-3n+2)$，其中 $C_{ABi}=\sum_j^n\sum_k^n b_{jk}(i)$，$b_{jk}(i)$ 表示节点 i 处于节点 j 和 k 最短路径上的概率。

第二节　中国区域服务业内部结构升级和知识产权保护空间关联网络特征

一、空间关联网络的建立

运用 1996—2018 年间中国省级层面服务业结构优化和知识产权保护水平作为样本数据①，变量原始数据来源于各省（区、市）的历年统计年鉴、国家知识

① 因数据缺失，样本中不包含西藏、海南 2 个地区，重庆数据并入四川。

产权局网站和 EPS 数据库。为消除物价变动的影响，涉及价值形态的数据采用 GDP 缩减指数进行调整。同时为避免时间趋势的干扰，对样本数据进行对数处理。由于 VAR 模型只适用于平稳的时间序列数据，因此，首先需对我国省（区、市）的服务业内部结构和知识产权保护强度数据进行平稳性检验，单位根检验结果发现这两个变量的水平数据未通过平稳性检验，但一阶差分在 5％的显著性水平下都平稳，因此采用一阶数据并在此基础上建立每两个省份之间的 VAR 模型。然后，使用 *LR*、*AIC*、*SC* 、*HQ* 和 *FPE* 等 5 个判定指标选定最佳滞后阶数为 2 阶，在此基础上，进行 VAR 模型的 Granger 因果检验，最后得到中国区域服务业内部结构优化和知识产权保护变量在 5％显著性水平下通过检验的关系数分别有 107、142 个。将 28 个省（区、市）作为社会网络的节点，将 VAR Granger 因果检验得到的关系作为网络的边，运用标准版本分析软件即可得到中国各省份服务业内部结构和知识产权保护的空间关联网络图（见图 4.1、图 4.2）。经统计，发现中国各省份服务业内部结构优化和知识产权保护空间关联网络中分别存在 107、142 个空间溢出渠道，每个省（区、市）与其他各省份都存在至少一个关联渠道，中国区域服务业内部结构优化和知识产权保护存在普遍的空间关联特征。

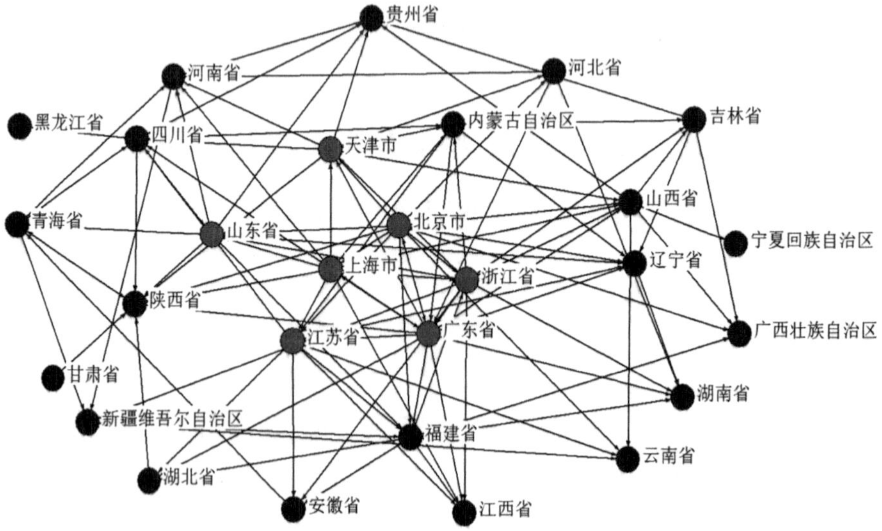

图 4.1　1996—2018 年中国各省份服务业内部结构升级的空间关联网

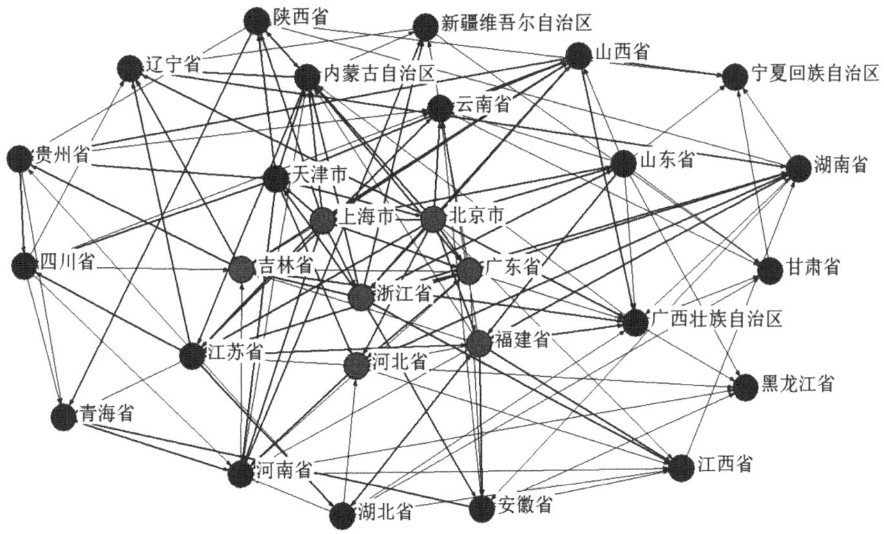

图 4.2　1996—2018 年中国各省份知识产权保护的空间关联网

二、空间关联网络结构特征

（一）网络密度、关联度和等级度

由于中国区域服务业内部结构升级存在空间网络关系，因此考察其网络的结构特征对理解其关联形式至关重要。表 4.1 的计算结果表明，1996—2018 年期间中国服务业内部结构优化空间关联网络的节点数是 28，关系数达到 107 个，网络密度为 0.142，这表明中国各区域间服务业内部结构的优化存在空间关联关系，说明一个省份服务业技术创新对其他省份的服务业技术创新存在空间外溢效应。相应地，各省份服务业内部结构空间关联网络的平均路径长度仅为 1.636。此外，网络的最大出度和最大入度分别为 13 和 6，表明某个省份服务业内部结构变化对其他 13 省份服务业内部结构产生了显著的影响，与此同时，某个省份服务业内部结构优化受到其他 6 个省份服务业内部结构变化的影响。总体看，我国服务业内部结构优化的相互影响日益深化，且呈现网络化的相互影响格局。就区域服务业创新而言，不同区域间知识密集型服务业企业之间的频繁互动，实现了知识和技术资源的跨区域共享，使得信息和技术的流动呈现出复杂的网络化流动特征，缩短了服务业企业创新的时空互动距离，降低了区域间信息沟通和技术转移的交易成本，加大了不同地区的服务业创新技术的外溢和互动效应。因此，某省份知识密集型服务业的发展不仅受到周边邻近省份知识密集型服务业发展水平的影响，还受到其他不相邻省份知识密集型服务业发展水平的空间溢出作用。

表 4.1 1996—2018 中国区域服务业内部结构升级和知识产权保护关联网络基本指标描述

	服务业内部结构升级	知识产权保护
节点数	28	28
边数	107	142
网络密度	0.142	0.188
片区	1	1
平均路径长度	1.636	1.513
聚类系数	0.226	0.187
平均度	3.821	5.071
最大入度	6	9
入度方差	3.361	4.566
最大出度	13	14
出度方差	14.861	11.709
网络效率	0.479	0.551
网络等级度	0.234	0.275

进一步基于网络关联性指标计算发现，中国各省份服务业内部结构升级的空间关联网络的关联度为 1，说明中国各省份服务业内部结构升级之间存在普遍的空间关联渠道，整体网络连通效果较好，这可能与我国长期推进区域协同创新和服务业转型升级制度紧密关联。服务业内部结构的不断优化，服务业新模式和新业态的涌现，为服务业创新资源在市场条件下的跨区域流动和交易提供了坚实基础，同时在区域协同创新理念的推动下，中国各省份的服务业协同创新活动日益频发，知识密集型服务业创新通过技术转移和技术扩散方式促进了创新资源的跨区域流动。此外，网络效率为 0.479，表明中国区域服务业内部结构升级空间关联网络中的关联渠道具有明显叠加态势，网络呈现较强的稳定性。网络等级度为

0.234，说明我国服务业内部结构升级的溢出效应并非严格按等级划分，知识密集型服务业发展水平不同的省份间也可能产生溢出效应。表4.1中，中国区域服务业内部结构的空间关联网络聚类系数为0.226，平均路径长度仅为1.636，表明我国服务业内部结构空间关联网络不存在明显的“小世界”特征，也说明各省份知识密集型服务业发展的相互影响的速度较快，空间溢出效应较明显。

用同样方法可计算出中国各省份知识产权保护的空间关联网络密度。由表4.1可知，28个节点省份构建的知识产权保护网络关联关系数为142个，占最大可能关联关系数756条的比重为0.188，即为中国各省份知识产权保护网络的密度，这表明中国各省份间知识产权保护具有普遍的空间关联渠道。从区域层面看，不同省份间技术传播过程中往往伴随着技术的外溢，知识产权保护对地区间技术转移起到有效规范的作用，在协同创新发展背景下，创新资源在不同省份间形成了广泛地流转，进而产生复杂动态的区域关联，形成区域知识产权保护的空间关联网络。知识产权保护的空间关联不仅推动了知识技术的扩散，而且缩小了不同地区技术水平的差距，成为推动区域协同发展的新动力。此外，中国各省份知识产权保护的空间关联网络的关联度为1，表明中国各省份服务业内部结构整体空间网络的连通效果较好，且各区域知识产权保护不具有明显的集团化保护特征，这也说明实施区域知识产权保护均衡发展的政策是可行的，政府应进一步推动区域间知识产权保护的合作和联系，促进区域知识产权保护抱团联动发展。表4.1中，知识产权保护空间关联网络的网络效率为0.551，表明中国知识产权保护空间关联网络稳定性较强，其节点间的关联关系有明显叠加现象。同时，网络等级度为0.275，说明我国各省份间知识产权保护的溢出效应并非严格按等级划分，知识产权保护在不同省份间的空间溢出效果良好，知识产权保护强度不同的省份间也可能产生联动效应。

（二）节点中心性分析

利用节点的绝对和相对中心度两个指标综合衡量中国各省份在知识产权保护和服务业内部结构升级空间关联网络中的地位和角色。由表4.2不难发现，在中国服务业内部结构升级空间关联网络中，广东、北京、浙江等东部经济发展水平较高省份的总度数较高，说明与这些省份知识密集型服务业增长相关联的省份最多，北京、广东、浙江、上海具有较高的出度，分别存在 12、13、10、10 条发出关系数，表明这些省份服务业内部结构升级的溢出关系数较多，对其他省份知识密集型服务业增长的影响较大，而四川、山西、广东、福建等省份的入度较高，分别存在 6、5、5、5 条接收关系数，说明这些省份高层次服务业的发展受其他省份的影响较大。同理，在知识产权保护空间关联网络中，福建、广东、北京、浙江等省份具有较高的总度数，表明与这些省份知识产权保护相关联的省份最多，北京、浙江、上海、广东、福建等省份具有较高的出度中心性，说明这些省份知识产权保护对其他省份保护的溢出渠道较多，而河南、江苏、广东、福建的等节点的入度较高，表明这些省份知识产权保护的强度受其他省份的影响较大，其知识产权保护水平的变化主要表现为被动追随。

表 **4.2**　中国知识产权保护和服务业内部结构升级关联网络的度数排名 TOP **10**

序号	服务业内部结构升级					知识产权保护				
	省份	出度	入度	总度数	中间中心度	省份	出度	入度	总度数	中间中心度
1	广东省	12	5	17	23.47	福建省	10	5	15	17.35
2	北京市	13	2	15	4.51	广东省	10	5	15	14.44
3	浙江省	10	3	13	16.50	北京市	14	1	15	2.24
4	上海市	10	2	12	0.08	浙江省	10	3	13	10.62
5	天津市	8	4	12	7.68	上海市	10	1	11	0.683
6	江苏省	7	4	11	5.27	天津市	8	3	11	3.68
7	山东省	7	4	11	0.90	江苏省	7	5	12	2.42
8	福建省	6	5	11	3.92	山东省	7	3	10	3.88
9	四川省	5	6	11	6.25	湖北省	7	2	9	4.51
10	山西省	5	5	10	0.92	河南省	6	9	15	4.27

在中国服务业内部结构升级和知识产权保护空间关联网络中，东部沿海省份对其他区域省份的溢出作用更大，而中西部省份在网络中受其他区域省份的影响更大。就中间中心度的排名看，服务业内部结构升级空间关联网络中排名前 5 位的省份为广东、浙江、天津、四川、江苏，这些省份中 4 个处在东部沿海地带，

1个位于西部地区，没有中部和东北部省份，由此可见，我国东部省份在知识密集型服务业增长的空间关联网络中处在核心位置，而欠发达地区大都处于边缘位置，网络整体呈现“核心—边缘”的结构特征。在知识产权保护空间关联网络中，排名前5为的省份分别为福建、广东、浙江、湖北、河南，这5个省份中有3个位于东部地区，2个位于中部地区，但没有西部和东北部省份，这表明在我国知识产权保护空间关联网络中，东部和中西部地区在网络中起到的“桥梁”作用大于西部和东北板块的省份。

第三节　空间关联网络的相关性和回归分析——基于QAP方法

在分析了中国区域服务业内部结构升级和知识产权保护空间关联网络的演化特征之后，接下来要探究的是，知识产权保护如何决定或影响中国区域服务业内部结构升级的空间关联性？

一、理论假设与变量的选择

由于中国区域服务业内部结构升级空间关联网络使用的是关系数据，而关系数据本身存在多重共线性问题，若使用传统OLS（普通最小二乘法）进行回归，将导致回归结果发生偏误，因而选择社会网络分析中的QAP（Quadratic Assignment Procedure）方法，该方法可以较好地解决关系数据的多重共线性问题（李敬等，2014）

唐保庆和吴飞飞（2018）的研究表明，中国区域服务业内部结构升级与知识产权保护强度密切相关，石舍玉（2018）也认为高端知识密集型服务业的快速增长是实现服务业内部结构升级的核心，且其所包含的创意具有非竞争性特征，只有加强知识产权保护才能激发服务业企业创新意愿。而且，从前文中国知识产权保护和服务业内部结构升级关联网络的中心度分析结果可发现，我国服务业内部结构升级空间关联网络中出度或入度排名靠前的省份通常也是知识产权保护关联网路中度数排名靠前的省份。因此，可以推测，我国区域知识产权保护的空间关联是服务业内部结构升级空间关联网络形成的重要因素。另外，由中国区域服务业内部结构空间关联网络的结构图可知，不同省份知识密集型服务业的空间分布存在“核心—边缘”特征，北京、上海等发达地处在该网络的核心位置，与其相关联的关系数较多，段文奇等（2008）认为这种网络的异配性与地理位置关联性较强。同时，我国区域服务业内部结构空间关联网络图显示，中心度处于同一梯度省份的经济发展水平和发展方式、人力资本水平和信息化水平都较为接近。事实上，我国区域服务业内部结构的空间关联体现的是各省份在推动经济转型过程中发展高端服务业的策略性互动，而知识密集型服务业集技术、人力资本和信息于一体，承担了技术创新和高端知识输出的角色（程大中，2008；霍鹏等，2019）。在地区服务业结构优化的互动过程中各地区更多瞄准经济发展水平、经济发展方式和创新基础水平接近的地区采取针对性的互动策略。各省份经济发展水平可用人均生产总值表示（林毅夫和刘志强，2000），经济发展方式可用制造业结构升级程度指标衡量（韩峰和阳立高，2020），此外，创新基础水平可用人力资本水平与信息化建设水平衡量，原因是高层次服务业的技术创新往往伴随高人力资本的投入，而信息技术的流动是服务业企业技术交流和溢出的重要源泉（霍鹏和魏修建，2019）。由此推测，区域知识产权保护强度、地理位置、区域人均生产总值、制造业结构升级、人力资本水平和信息化水平的地区差异可能是影响中国地区服务业内部结构空间关联网络形成的主要变量，换言之，知识产权保护强度相当、地理位置邻近、人均生产总值和制造业结构升级程度相当、人力资本和信息化水平类似的区域间的知识密集型服务业增长关联性可能更强。综上所述，可作出如下理论假设：中国省级服务业内部结构升级的空间关联网络（SPc）主要由各省份间的知识产权保护空间关联网络（$IPRc$）、地理邻接网络 S、人均 GDP 差异 $RGDPc$、制造业结构升级差异 PUc、人力资本水平差异（HRc）和信息化水平差异（IRc）等六个因素所引起。

据此，借鉴李敬等（2014）的方法，构建模型，如式（4-1）所示。

$$SPc = f(IPRc, S, RGDPc, PUc, HRc, IRc) \tag{4-1}$$

式（1）的实证模型中，因变量为中国省级服务业内部结构升级，用反映我国省份中每两个省份间服务业内部结构关联关系的矩阵（*SPc*）表示，将空间网络图转换成矩阵数据即可。自变量中，知识产权保护强度用前文所述方法测算，制造业结构升级变量借鉴唐国华和张运成（2020）的方法，用高端技术行业的工业总产值与中端技术工业总产值的比值来衡量①。人力资本水平和信息化水平可分别用各省份每万人普通高等学校学生人数占比和各省份电信业务总量在全国均值中所占比重来计算（霍鹏和魏修建，2019）。知识产权保护变量的矩阵数据（*IPRc*）由图3-2中的空间网络图转换而来，地理位置矩阵（*S*）数据用相邻矩阵表示，若两个省份在地理位置上相邻，则取值为1，若不相邻则取值为0。借鉴李敬等（2014）的方法，其他四个自变量指标的差异矩阵数据计算如下：首先计算各变量的地区样本平均值，然后用计算后的地区样本平均值相减并取绝对值，用得到的绝对值构建差异矩阵。制造业升级水平测算原始数据来源于《中国工业经济统计年鉴》，其他样本数据来源于CEIC数据库、历年国家和地区统计年鉴。

二、QAP相关性分析

QAP相关分析的基本思路是先计算变量矩阵长向量的相关性，然后随机置换行列并反复多次计算，即可得到相关系数。利用标准版本软件对我国区域服务业内部结构空间关联网络及区域知识产权保护强度、地理位置、区域人均生产总值、制造业结构升级、人力资本水平和信息化水平等自变量之间进行相关性检验（随机置换次数取5 000次），得出1996—2018年期间我国区域服务业内部结构空间关联矩阵与其影响因素间的相关系数。由表4.3可知，样本期间我国各省份服务业内部结构变化的空间关联与各省份知识产权保护强度的差异矩阵显著正相关，这说明不同省份知识产权保护的空间关联是导致知识密集型服务业发展产生的空间关联的重要因素，知识产权保护强度较高的地区更倾向于同水平知识产权保护的其他地区展开服务创新策略互动，这与曹薇等（2019）的研究结果基本一

① 根据傅元海等（2014）对制造业的划分方法，高端技术产业包括通用设备、交通运输、专用设备、电气机械及器材、通信电子、仪器仪表及文化办公用机械、化工医药等行业；中端技术产业包括石油加工、炼焦及核燃料加工业、橡胶、塑料、非金融矿物、黑色金属冶炼、有色金属冶炼和金属制品等行业。

致。各省份服务业内部结构关联矩阵与地理邻接矩阵的相关系数为正，且通过了1%显著性检验，这表明相邻省份间知识密集型服务业技术创新的空间溢出效应比不相邻省份更明显。此外，样本期间我国区域服务业内部结构的空间关联矩阵与区域人均生产总值的空间差异矩阵相关系数显著为负，说明经济发展水平的越相近，区域服务业内部结构升级产生的空间关联的越紧密。制造业结构升级的空间差异矩阵系数通过了显著性检验，表明高技术水平的制造行业产值不断提高，在制造业高技术行业的带动下，知识密集型服务业往往更易于深化精细化生产，这不仅提高了本地区服务业发展层次，也对周边地区知识密集型服务业发展产生明显的外溢效应。人力资本水平差异矩阵与服务业内部结构网络矩阵的相关系数为负但不显著，说明各省份人力资本水平的空间差异对知识密集型服务业发展的空间关联影响不突出，可能原因是本地区劳动生产率的提升会吸引其他地区高技能人才进入，从而不利于其他地区知识密集型服务业技术创新；各省份信息化水平空间差异矩阵与各省份服务业内部结构升级空间关联矩阵的相关系数显著为负，各省份信息化水平越相近，越有利于促进双方服务业内部结构升级的空间关联，互联网、5G等信息技术的普及加快了高端服务业各行业和各领域的知识融合溢出，激励各地区知识密集型服务业技术创新的互联互通。参考李敬等（2014）的做法，后文进行QAP回归将不考虑回归系数不显著的变量（人力资本水平差异矩阵）。

表 **4.3** 中国各省份服务业内部结构升级空间关联矩阵（*SPc*）与其影响因素的相关性分析

变量	*IPRc*	*S*	*RGDPc*	*PUc*	*HRc*	*IRc*
IPR	0.196**	0.082***	−0.332***	−0.152*	−0.092	−0.098*

注：*、**、*** 分别表示在10%、5%、1%显著性水平下显著。

进一步对五个存在显著影响的自变量进行QAP相关性分析，发现知识产权保护关联矩阵（*IPRc*）、区域人均生产总值差异矩阵（*RGDPc*）、制造业结构升级水平差异矩阵（*PUc*）和地理邻接矩阵（*S*）等四个自变量在5%水平上存在高度相关性，因此这四个自变量矩阵对因变量的影响可能存在多重共线性，这也进一步验证了使用QAP方法实证检验的合理性。

三、QAP 回归分析

与 QAP 相关性分析的原理基本相同，QAP 回归分析主要是探究解释变量矩阵数据与被解释变量矩阵数据的回归关系。换言之，本节利用 QAP 回归分析的目的主要是探究中国区域服务业内部结构关联矩阵与知识产权保护强度、地理位置、区域人均生产总值、制造业结构升级和信息化水平等影响因素的空间关联矩阵的回归关系，并进行显著性检验。QAP 回归分析的基本步骤是，首先对中国区域服务业内部结构矩阵及其影响因素的差异矩阵进行多元回归，然后随机置换各省份服务业内部结构矩阵的行列进行重新回归（随机置换次数取 5 000 次）。由表 4.4 的回归结果可知，回归方程的拟合优度为 0.821，说明区域知识产权保护强度空间关联矩阵、地理邻接矩阵和区域人均生产总值、制造业结构升级和信息化水平的空间差异矩阵可共同解释中国各省市自治区服务业内部结构空间关联变化的 0.821。此外，单位检验的概率显示为 0，这表明随机进行 5 000 次置换区域服务业内部结构关联矩阵的行列后，重新估算的方程调整后的拟合优度在 1%显著性水平上显著。单尾检验概率为 0，这说明因变量行列随机置换后，重新回归的方程调整后的拟合优度在 1%显著性水平上显著。关联网络的最大可能边数 756 表示我国各省份服务业内部结构变化空间网络的最大可能关系数为 28 *（28 —1）=756 个。

表 **4.4**　模型拟合结果

R^2	Adjusted R^2	概率	网络最大可能边数
0.851	0.821	0.000	756

表 4.5 显示的是中国各省份服务业内部结构关联矩阵与其自变量空间差异矩阵之间的回归结果，其中，概率 1 表示回归系数不小于实际值的概率，概率 2 则相反。结果表明，知识产权保护水平的空间差异矩阵在 5%显著性水平下显著，说明知识产权保护的空间互动是影响各省份服务业内部结构存在空间关联的重要原因，这也表明中国各省份知识密集型服务业发展的空间关联具有创新保护集团“俱乐部”特征。地理邻接矩阵的回归系数在 5%水平下显著，说明地理位置相

邻的省份间知识密集型服务业增长的空间关联效应更大，中国各省份服务业内部结构升级具有“近水楼台先得月”的邻里效应，这与郑长娟等（2017）的研究结论基本一致。

表 4.5　各变量空间差异影响区域服务业内部结构升级空间关联的 QAP 回归结果

变量	非标准化系数	标准化系数	概率 1	概率 2
截距	0.561	0.000	—	—
IPRc	0.225	0.216	0.987	0.013
S	0.155	0.113	0.953	0.047
RGDPc	−0.419	−0.391	0.996	0.004
PUc	−0.175	−0.204	0.945	0.055
IRc	−0.167	−0.149	0.940	0.060

此外，人均 GDP 空间差异矩阵的估算系数在 1%水平下显著为负，再次说明经济发展水平相近是地区服务业内部结构升级存在空间关联的关键因素。制造业结构升级差异矩阵的估算系数通过了 10%显著性水平检验，这表明制造业结构升级水平相近有助于地区间服务业内部结构升级的空间溢出。信息化水平空间差异矩阵的估算系数在 5%水平下显著为负，这表明信息化水平越相近的省份，其知识密集型服务业技术创新的互动性越强，换言之，信息化水平相近促进了各省份知识密集型服务业技术创新的空间外溢。

四、稳健性检验

（一）替换被解释变量

为了检验前文中基准回归结果的稳健性，本书通过变更被解释变量服务业内部结构升级测度方法来进行稳健性检验。借鉴余泳泽和潘妍（2019）和戴魁早等（2020）的做法，采用生产性服务业[①]从业人员占第三产业从业人员的比重衡量

① 考虑省（区、市）分行业就业统计口径及数据可得性，将省级层面生产性服务业界定为交通运输仓储和邮政业、批发和零售业、信息传输和软件和信息技术服务业、租赁和商务服务业、科学研究和技术服务业、水利环境和公共设施管理业等 6 个行业。

服务业内部结构升级。数据来源于历年各省份统计年鉴以及中经网统计数据库，年限为1996—2018年。参考前文的方法重新构建服务业内部结构空间关联网络，并将其与影响因素的空间差异矩阵进行回归。由表4.6第（1）列的回归结果不难发现，相关影响变量的估算系数变化不大，知识产权保护空间关联矩阵对各省份服务业内部结构升级空间关联的影响依然显著为正，这也表明上文的回归结果较为稳健。

表4.6　稳健性检验结果

变量	（1）被解释变量（生产性服务业从业人员占第三产业从业人员的比重）	（2）知识产权保护指标：技术市场交易额与国内生产总值之比
IPRc	0.216**	0.131**
S	0.113***	0.097**
RGDPc	−0.391***	−0.472**
PUc	−0.204*	−0.235*
IRc	−0.149*	−0.103

注：*、**和***分别表示10%、5%和1%的显著性水平。

（二）替换知识产权保护强度指标

知识产权保护（*IPR*）变量是实证过程中的核心自变量，为确保实证结果的可信度，选用其他衡量知识产权保护强度的指标进行安慰剂检验。鉴于此，借鉴胡凯等（2012）和曹薇等（2020）的方法，选取区域内技术市场交易额与国内生产总值之比衡量我国各省份知识产权保护强度。参照上文中的方法重新构建知识产权保护强度变量的空间矩阵数据，并对模型重新进行QAP回归，结果见表4.6第（2）列，不难发现，与原数据回归结果相比，重新回归后各变量空间矩阵的回归系数变化不大，核心解释变量“知识产权保护强度”空间矩阵的回归系数在5%显著性水平下显著为正，进一步肯定了各省份间知识产权保护强度的空间关联促进了地区服务业内部结构升级空间溢出的结论。

第四节 本章小结

本章首先基于复杂网络方法构建了中国区域知识产权保护和服务业内部结构升级的空间关联网络，并测度了网络的密度和关联性；同时运用 QAP 相关分析和回归分析实证检验了中国区域知识产权保护对服务业内结构优化的空间关联的影响。结果发现：（1）中国服务业内部结构升级和知识产权保护的空间网络中分别存在 107 和 142 个空间关联关系，且两个空间关联网络均具有较好的连通性和稳定性，此外，中国服务业内部结构升级和知识产权保护网络的等级度分别为 0.234 和 0.275，表明网络中处在不同地位的节点省份间也可能产生溢出效应；东部沿海省份在中国服务业内部结构和知识产权保护的空间关联网络中处于中心位置，且起到的“桥梁”作用更大，而其他区域板块省份则处在网络的边缘位置，对整体网络的影响有限。（2）QAP 相关分析和回归结果表明，知识产权保护水平的相近性和地理位置相邻是地区知识密集型服务业发展产生空间关联的重要因素，中国各省份知识密集型服务业发展的空间关联具有创新保护集团“俱乐部”特征，且中国各省份服务业内部结构升级具有“近水楼台先得月”的邻里效应。此外，区域经济发展水平、制造业结构升级、人力资本水平、信息化水平等因素也对中国区域服务业内部结构升级的空间关联产生了影响。

第五章　知识产权保护、外商直接投资与生产性服务业出口结构优化的区域协同效应分析

加强科技创新成果的知识产权保护，不断提高外商直接投资质量，促进高层次、高附加值生产性服务业出口，不仅有助于我国以服务业为主体的经济体系开展创新，也有利于我国出口产业结构的优化调整。然而，由于知识产权保护不力等原因，我国对生产性服务业企业的技术创新缺乏足够激励（周游，2021），导致我国高层次、高技术生产性服务业发展滞后，出口竞争力较弱，对支撑出口产业转型的功能无法得到充分发挥；其次，我国传统以单纯追求引资规模的方式不再适应我国出口转型的发展趋势，急需进一步提高外商直接投资的质量，推动外资成为改善我国出口贸易结构的重要动力。这也引起政府的高度重视，国家发改委印发《服务业创新发展大纲（2017—2025 年）》中着重指出要不断强化现代生产性服务业创新成果的知识产权保护，鼓励外商投资高技术生产性服务行业，扩大研发咨询等高附加值生产性服务业出口，深入推进经济转型升级进程。由此可见，在加强知识产权保护力度和提高外商直接投资质量的过程中依靠并促进生产性服务业出口结构优化是实现我国经济发展提质增效的重要突破口。

本章基于我国 1993—2018 年省级面板数据，测算了区域知识产权保护、外商直接投资和生产性服务业出口结构的综合水平及其协调发展的动态演化特征，在此基础上实证检验了三变量之间相互作用的关系。结果表明，我国生产性服务业出口结构持续优化，知识产权保护水平逐渐提升，外资项目平均规模也有所增

加，但三变量协调发展质量总体较低且无明显上升趋势；随着外资项目平均规模的增加，知识产权保护和生产性服务业出口结构对三系统协调发展的边际正效应逐渐减弱；增强知识产权保护力度提升了生产性服务业出口结构优化对系统的正向效应，有利于减缓外资项目平均规模提升对系统耦合的负面效应；此外，生产性服务业出口结构的优化促进了知识产权保护对系统耦合的正效应，但并未有效缓解外商直接投资对系统协调发展产生的负作用。

在当前中国经济进入新常态的实际背景下，以“协调发展”思想为指针，对知识产权保护、外商直接投资和生产性服务业出口结构的全面考量显得尤为迫切，研究结论对加强我国知识产权保护制度建设、促进生产性服务业高端延伸、实现经济发展提质增效提供了决策支持。综合看，现有研究重点对知识产权保护、外商直接投资和生产性服务业出口结构的单向作用进行了研究，但缺乏对三系统的交互作用关系研究。事实上，知识产权保护、外商直接投资和生产性服务业出口结构之间不仅仅存在单向影响，而且具有交互作用关系，它们三个系统之间的变动过程和结果具有协同效应。为此，通过构建涵盖系统耦合和协同分析框架，实证检验知识产权保护、外商直接投资和生产性服务业出口结构的耦合和协同关系。

第一节　变量指标和数据说明

一、指标的选定

考虑到数据的可得性和指标构建的科学性，构建统计和实证分析所需指标体系（见表 5.1）。其中，生产性服务业的出口结构优化指数（*STSC*）参照周游（2018）的测算方法，采用知识技术密集型生产性服务业出口总额与传统劳动密集型生产性服务业出口额之比衡量，其中，生产性服务业出口行业采用国家外汇管理局的统计口径分类，知识密集型生产性服务业出口行业主要涵盖通信服务、计算机和信息服务、专有权利使用费和特许费、保险服务、金融服务和其他商业服务等 6 个行业，传统劳动密集型生产性服务业出口用交通运输业出口总额替代表示。

结合韩玉雄等（2005）、蔡玲和申君歌（2018）的构建方法，从国家法制化程度、实际执法强度、知识产权保护机构配置、自主创新保护意识四个方面综合衡量地区知识产权保护水平，其中，国家法制化程度用律师比例度量，实际执法强度以专利侵权案件的结案率来度量，知识产权保护机构配置以能够办理知识产权相关事务的律师事务所比例来度量，自主创新保护意识以万人拥有专利申请量来度量，将以上四个指标得分之和除以 4 可得到省级知识产权保护综合强度。

外商直接投资变量借鉴魏玮和张万里（2018）的思路，用外资项目平均规模（*FDI*）指标衡量，采用历年各地区实际利用外资数量与合同数相比计算得到，原因是该变量能有效反映地区经济发展和变化差异，且体现了外商直接投资的质量。

表 **5.1**　各变量指标体系表

子系统	指标
生产性服务业出口结构优化（*STSC*）	$STSC_{it}=EX_{mit}/EX_{nit}$（$EX_{mit}$ 表示 6 个知识密集型生产性服务业的出口、EX_{nit} 表示传统交通运输业出口）
知识产权保护（*IPR*）	从国家法制化程度、实际执法强度、知识产权保护机构配置、自主创新保护意识四个方面来综合衡量，将 4 个指标得分的算术平均作为综合强度指标。
外商直接投资（*FDI*）	外资项目平均规模＝各地区实际利用外资数量/合同数。

二、数据来源和处理说明

由于 1993—2018 年期间甘肃、青海、宁夏、西藏四个省份的服务贸易总额远低于全国各省的年平均水平，这将导致生产性服务业出口结构指数出现较大波动，参照许和连、成丽红等（2015）做法，剔除服务贸易总额低于 3 亿美元的地区，最终选取 1993—2018 年中国 27 个省（区、市）的面板数据进行统计和实证分析。各变量原始数据来源于中国国家外汇管理局网站、历年《中国商务年鉴》《中国第三产业统计年鉴》《中国统计年鉴》和 CCER 数据库。

第二节 知识产权保护、外商直接投资与生产性服务业出口结构优化的耦合分析

一、耦合模型的原理

耦合一词的概念来源于物理学，指的是两个或多个变量之间相互影响效应对个体产生的动态作用。系统的耦合主要体现在“协调”和“发展”两个方面，其中“协调”体现在变量间匹配的程度；“发展”则体现在系统内生动力推动单个变量不断向好的动态过程。“协调”和“发展”促进了系统耦合度动态调整。

二、初步分析

在计算系统耦合水平前，需要对各变量进行综合分析。借鉴逯进等（2016）的思路，首先用极值处理法将知识产权保护、外商直接投资和生产性服务业出口结构的原始数据进行标准化，然后利用熵值法对标准化后的数据进行加权合成得到各变量的综合指数。值得注意的是，分析过程中对知识产权保护、外商直接投资和生产性服务业出口结构三个子系统的权重取值相同，即三个子系统对总系统的重要性一致。计算后得到全国和东、中、西、东北部地区知识产权保护、外商直接投资和生产性服务业出口结构的综合发展指数变化图。

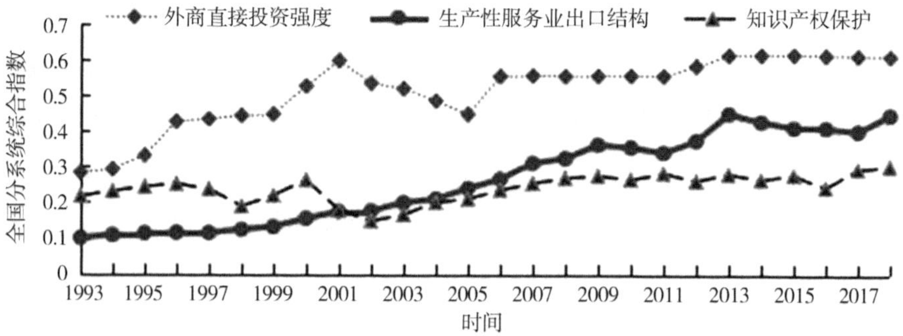

图 5.1 全国层面子系统综合指数变化图

从全国层面看，系统中三个变量的综合指数水平呈现显著的异质变化趋势。外资项目平均规模综合指数水平高于其他两个变量且总体提升，由 1993 年的 0.283 提升到 2018 年的 0.609，但 2002 年以来则首次出现下降，至 2005 年降至低点 0.447，但 2006 年后又出现缓慢提升趋势。知识产权保护水平的综合指数一直以来位于较低水平，在 1998 年前后增速较快，其他时间段则相对平稳，但样本期间内总体上还是呈现小幅上升的态势，由 1993 年的 0.217 提高到 2018 年的 0.303。生产性服务业出口结构综合指数在样本期间内呈现较快速的增长，由 1993 年的 0.099 提升到 2018 年的 0.445，这表明我国高附加值生产性服务业的出口数量不断提高，生产性服务业出口的行业结构不断优化。

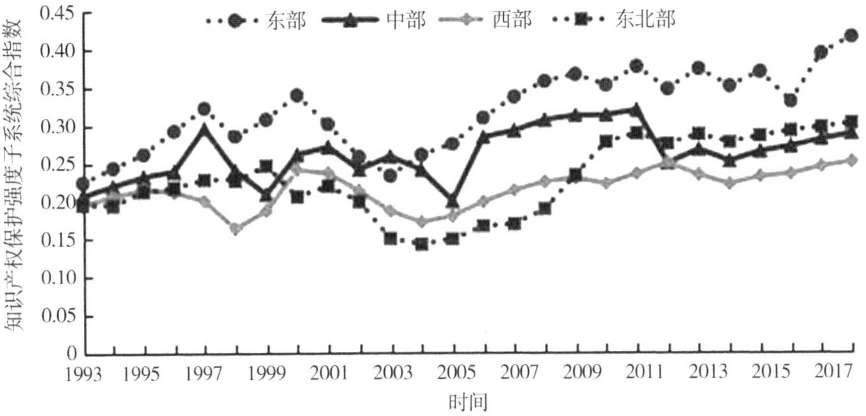

图 5.2　中国四大区域知识产权保护强度子系统综合指数变化图

从图 5.2 所示知识产权保护水平子系统的综合指数看，我国东、中、西、东北部四个区域的差异性较为明显，东部地区的知识产权保护水平显著高于其他三地区，但 2000 年出现较大幅度的下降，直至 2003 年后开始快速提升，到 2018 年达到最高值 0.414。相对而言，我国中西部和东北部地区的知识产权保护水平长期处于较低水平，且在样本期间内波动较大，其中，中部地区的知识产权保护强度指数由 1993 年的 0.206 提升至 1997 年的 0.321，此后出现下降和上升交替变化的趋势，西部和东北部的知识产权保护指数从 2004 年开始出现较大提高，直至 2012 年后平稳缓慢上升。总体看，我国知识产权保护水平较低，对企业自主创新成果的保护力度不够，应进一步提升知识产权保护水平，创造市场公平竞争环境，激发市场主体创新潜力。

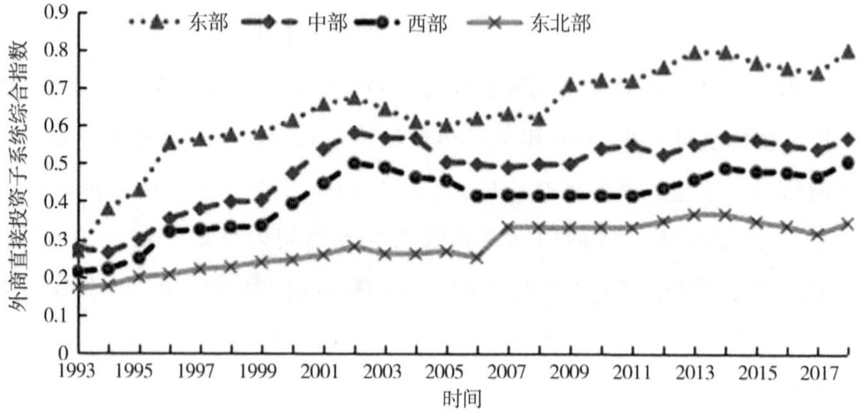

图 5.3　中国四大区域外商直接投资子系统综合指数变化图

从图 5.3 所示外资项目平均规模子系统的综合指数看，东部地区始终处在最高位置，其次是中部地区，而西部和东北部的外资项目平均规模指数一直位于较低水平。从变化趋势看，四大区域的外资项目平均规模综合指数从 2002 年开始出现一定程度的下滑，2005 年后呈现持续缓慢的上升趋势，然而，2014 年后，四大区域的外资项目平均规模均出现小幅下降趋势，其中东部地区外商直接投资从 2014 年的 0.796 下降至 2017 年的 0.743，中西部东北部则分别从 2014 年的 0.571、0.489、0.367 下降至 2017 年的 0.539、0.467、0.316，可能的原因是近年来我国要素成本和环保标准的提升导致外资企业的利润下降，出现了部分外资回流的现象。但值得注意的是，2018 年以来我国四大区域的外资项目平均规模均出现较大幅度的反弹，说明我国完备的基础设施、稳定的经济增长和不断提升的人均收入和市场规模等对外商直接投资的吸引力仍然较强，长期看我国外商直接投资仍有一定的提升潜力。

从图 5.4 所示生产性服务业出口结构子系统的综合指数看，东、中、西和东北部区域的差异较明显。东部地区的生产性服务业出口结构综合指数最高，且从 2000 年起就遥遥领先；其他三地区总体呈现出波动上升的变迁趋势，其中，中部地区生产性服务业出口结构综合指数由 1993 年的 0.092 提升至 2018 年的

0.409，2009 和 2013 年出现了两波小幅下降现象，但分别在 2010 年和 2017 年出现了反弹。西部地区的生产性服务业出口结构在样本期间内呈现一定幅度的提升，由 1993 年的 0.073 提升至 2018 年的 0.328，1993—2014 年期间增速较快，而 2015 年后提升幅度较小。东北部地区的生产新服务业出口结构发展水平较低，除 2007—2009、2013 年外，其他年份均低于西部地区，但总体上还是表现为上升趋势，其综合指数从 1993 年的 0.086 提升至 2018 年的 0.295，2008—2011、2013—2016 年期间则出现一定的下降趋势。由图 5.4 可知，西部和东北部的生产性服务业出口结构综合指数增速明显小于东中部，这表明我国西部和东北部地区的生产性服务业出口结构急需进一步优化。

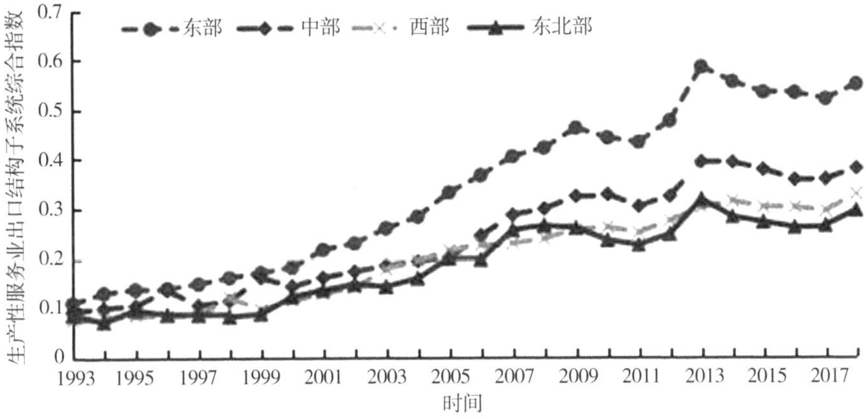

图 5.4　中国四大区域生产性服务业出口结构子系统综合指数变化图

三、三系统耦合的实证分析

1993—2018 年期间中国省（区、市）知识产权保护、外商直接投资和生产性服务业出口产业结构 3 个子系统的耦合度结果见表 5.2。从全国层面的实证结果看，三个子系统的耦合度水平虽然总体较低，但呈现出小幅度波动上升的趋势，其耦合度从 1993 年的 0.52 上升至 2018 年的 0.55，这说明我国知识产权保护、外商直接投资和生产性服务业出口结构的耦合度尚处于初步协调阶段，3 子系统在样本期间内并未产生良性互促的影响效应。从分区域层面看，我国东部地区的子系统耦合度变动幅度较大，且总体呈现显著提升的态势，其耦合度从 1993 年的

0.54上升为2018年的0.64，增幅高达18.52%；我国东北部和西部地区的子系统耦合度波动幅度较小，但总体呈现小幅度的上升趋势；同时，中部地区的耦合度变动范围虽然也不大，但却出现了一定的下降趋势，从1993年的0.58下降为2018年的0.56，子系统间的耦合态势持续恶化。值得注意的是，2008年之前，东部地区知识产权保护、外商直接投资和生产性服务业出口结构的耦合值与其他三区域的耦合值相比并无显著优势，但2008年之后却远高于其他三区域，成为我国3子系统耦合协同的最优片区。可能的原因是，2008年我国实施《国家知识产权战略纲要》以来，东部沿海经济发达区域的技术创新活动更加活跃，对创新保护的需求更为迫切，其知识产权保护力度的提升速度明显也高于其他区域。知识产权保护环境的改善推动了高质量外商直接投资的流入，并促进了知识密集型生产性服务业的出口，这也为生产性服务业出口结构的优化调整提供了重要支撑。

表5.2　1993—2018年中国各省（区、市）知识产权保护、外商直接投资和生产性服务业出口产业结构子系统耦合度

年份		1993	1996	1999	2002	2005	2008	2011	2014	2017	2018	平均值
东部地带	北京市	0.55	0.55	0.57	0.55	0.56	0.61	0.64	0.62	0.64	0.67	0.60
	天津市	0.55	0.56	0.56	0.52	0.52	0.58	0.60	0.60	0.60	0.62	0.57
	河北省	0.51	0.52	0.52	0.47	0.48	0.51	0.55	0.52	0.55	0.55	0.52
	上海市	0.61	0.61	0.62	0.61	0.62	0.67	0.68	0.68	0.68	0.70	0.65
	江苏省	0.56	0.55	0.57	0.54	0.55	0.60	0.62	0.61	0.62	0.62	0.58
	浙江省	0.51	0.51	0.52	0.52	0.52	0.60	0.61	0.61	0.61	0.64	0.56
	福建省	0.55	0.55	0.57	0.56	0.57	0.63	0.65	0.64	0.65	0.63	0.60
	山东省	0.55	0.56	0.58	0.56	0.58	0.64	0.65	0.65	0.65	0.70	0.61
	广东省	0.51	0.53	0.53	0.51	0.52	0.59	0.60	0.60	0.60	0.62	0.56
	海南省	0.54	0.55	0.55	0.56	0.56	0.63	0.64	0.64	0.64	0.64	0.59
	平均值	0.54	0.55	0.56	0.54	0.55	0.61	0.62	0.62	0.62	0.64	0.58
东北	吉林省	0.47	0.49	0.48	0.49	0.49	0.47	0.47	0.48	0.48	0.48	0.48
	黑龙江省	0.50	0.50	0.51	0.53	0.54	0.52	0.51	0.53	0.52	0.52	0.52
	辽宁省	0.49	0.51	0.53	0.49	0.49	0.47	0.47	0.48	0.49	0.49	0.49
	平均值	0.49	0.50	0.51	0.50	0.51	0.49	0.48	0.50	0.50	0.50	0.50

续表

年份		1993	1996	1999	2002	2005	2008	2011	2014	2017	2018	平均值
中部地带	山西省	0.54	0.56	0.56	0.57	0.57	0.55	0.54	0.60	0.61	0.60	0.58
	安徽省	0.46	0.48	0.43	0.48	0.50	0.45	0.46	0.53	0.53	0.55	0.46
	江西省	0.59	0.62	0.56	0.54	0.55	0.45	0.52	0.46	0.54	0.44	0.53
	河南省	0.64	0.66	0.63	0.59	0.59	0.57	0.56	0.58	0.58	0.55	0.59
	湖北省	0.64	0.64	0.61	0.58	0.59	0.58	0.56	0.59	0.58	0.58	0.60
	湖南省	0.61	0.66	0.61	0.59	0.61	0.66	0.57	0.67	0.59	0.65	0.62
	平均值	0.58	0.60	0.57	0.56	0.57	0.54	0.54	0.57	0.57	0.56	0.56
西部地带	内蒙古	0.46	0.51	0.53	0.55	0.56	0.52	0.54	0.52	0.52	0.52	0.53
	广西	0.48	0.49	0.50	0.52	0.52	0.50	0.52	0.51	0.50	0.51	0.51
	重庆市	0.55	0.55	0.54	0.57	0.59	0.56	0.56	0.57	0.56	0.55	0.56
	四川省	0.43	0.48	0.51	0.53	0.54	0.49	0.53	0.50	0.50	0.50	0.51
	贵州省	0.42	0.42	0.41	0.43	0.45	0.43	0.42	0.52	0.51	0.52	0.46
	云南省	0.43	0.44	0.45	0.47	0.47	0.45	0.47	0.45	0.45	0.45	0.46
	陕西省	0.49	0.50	0.50	0.52	0.52	0.51	0.52	0.49	0.48	0.49	0.50
	新疆	0.43	0.43	0.43	0.45	0.45	0.44	0.44	0.44	0.43	0.44	0.44
	平均值	0.46	0.48	0.48	0.51	0.51	0.49	0.50	0.50	0.49	0.50	0.50
全国	平均值	0.52	0.53	0.53	0.53	0.53	0.53	0.54	0.55	0.55	0.55	0.54

为进一步考察我国东、中、西和东北部地区的差异，对这四个区域知识产权保护、外商直接投资和生产性服务业出口结构的耦合度、发展度以及协调度 3 个指标进行相关性测算，测算结构如表 5.3。可见，虽然我国中部地区和东北地区的耦合度与发展度正向相关，但耦合度与协调度、发展度和协调度之间均呈现负相关关系。这说明中部和东北部地区知识产权保护、外商直接投资和生产性服务业出口结构的耦合度提升主要依赖系统发展度的提升，但尚未实现协调可持续发展，且系统发展度的提升比较粗放，牺牲了子系统间的协调性。相比之下，我国东、西部地区的模式更具优越性，从测算结果看，这两个区域的发展度和协调度之间并无显著的相关关系，且耦合度与发展度、协调度均正相关，说明我国东、西部地区的知识产权保护、外商直接投资和生产性服务业出口结构等 3 个子系统

在发展度和协调度的共同作用下实现了耦合度的提升。

表 5.3　中国四大区域耦合度、发展度、协调度的相关系数

	东	中	西	东北
耦合度与发展度相关系数	0.98	0.91	0.89	0.88
耦合度与协调度相关系数	0.32	−0.55	0.31	−0.49
发展度与协调度相关系数	−0.11	−0.63	−0.51	−0.48

第三节　知识产权保护、外商直接投资与生产性服务业出口结构优化的协同分析

上述耦合分析全面解析了知识产权保护、外商直接投资和生产性服务业出口结构的时空演化过程和交互作用，但仍存在以下问题需进一步探究：首先，知识产权保护、外商直接投资和生产性服务业出口结构三者之间存在相互影响，会导致三变量各自对系统的耦合影响发生偏差，因此上述耦合分析未考察三变量交互作用对三个子系统耦合的协同作用特征；其次，分析知识产权保护、外商直接投资和生产性服务业出口结构对系统耦合的影响强度，不仅进一步解释了耦合结果，也可以厘清三变量对系统耦合的影响差异。鉴于此，引入协同效应分析，采用固定效应模型测度三变量及其交互项对耦合的作用强度，同时，选取面板门槛模型深入检验知识产权保护、外商直接投资和生产性服务业出口结构处于不同水平时，三变量及其交互项对系统耦合影响的阶段性特征。

一、线性影响

基于上述理论分析，为对知识产权保护、外商直接投资和生产性服务业出口结构三子系统耦合的影响因素进行分析，设定如下实证模型：

$$ouhe_{it} = \alpha_{01} + \alpha_{11} IPR_{it} + \alpha_{21} FDI_{it} + \alpha_{31} STSC_{it} + \alpha_{41} (IPR \times FDI)_{it} + \mu_i + \xi_{it} \quad (5\text{-}1)$$

$$ouhe_{it} = \alpha_{02} + \alpha_{12} IPR_{it} + \alpha_{22} FDI_{it} + \alpha_{32} STSC_{it} + \alpha_{42} (IPR \times STSC)_{it} + \mu_i + \xi_{it} \quad (5\text{-}2)$$

$$ouhe_{it} = \alpha_{03} + \alpha_{13} IPR_{it} + \alpha_{23} FDI_{it} + \alpha_{33} STSC_{it} + \alpha_{43} (FDI \times STSC)_{it} + \mu_i + \xi_{it} \quad (5\text{-}3)$$

上述三个式子中，i，t 分别表示地区和年份，*ouhe* 表示系统耦合度，*IPR*、*FDI*、*STSC* 分别表示知识产权保护、外商直接投资和生产性服务业出口结构 3 个子系统。为考察子系统交互作用对三系统耦合产生的协同作用，将子系统的交叉项引入模型。模型的 F 检验和 Hausman 检验结果表明，相比混合和随机效应模型，使用固定效应模型更合适，此外，利用固定效应模型还可以解决忽略遗漏变量导致估算结果偏差的问题。

表 **5.4**　固定效应模型回归结果

变量	含义	*FE*1	*FE*2	*FE*3
IPR	知识产权保护	0.237*** (3.27)	0.126*** (3.13)	0.117*** (2.96)
FDI	外商直接投资	−1.321*** (−2.96)	−1.446** (−2.21)	−1.169** (−1.98)
STSC	生产性服务业出口结构	0.051*** (5.52)	0.063*** (5.47)	0.086*** (5.88)
IPR×*FDI*	*IPR* 和 *FDI* 交叉项	−0.881** (−2.44)		
IPR×*STSC*	*IPR* 和 *STSC* 交叉项		0.426*** (3.64)	
FDI×*STSC*	*FDI* 和 *STSC* 交叉项			−0.042*** (−2.92)
C	常数项	0.876*** (23.24)	0.895*** (26.73)	0.842*** (25.84)

注：***、**、*分别表示在 1%、5%、10%显著性水平下显著。

各子系统的固定效应模型回归结果见表 5.4。为对 3 个子系统交叉项的影响进行考察，分别对上述式（5-1）、式（5-2）式求导，求导结果显示，知识产权保护和系统耦合的关系同时受 α_{11} 和 $\alpha_{41}FDI_{it}$ 值的影响。假定 α_{11} 不变，即知识产权保护对系统耦合的边际作用仅受外资项目平均规模的影响。交叉项 $(IPR \times FDI)_{it}$ 的系数 α_{41} 为 −0.881，且在 5% 显著水平下通过检验，这表明，随着外资项目平均规模的增加，知识产权保护对系统耦合的边际正效应将会提高，即知识产权保护水平的提升对三系统耦合产生的正向促进效应会不断上升。

其次，外商直接投资对三系统耦合的关系受 α_{21} 和 $\alpha_{41}IPR_{it}$ 值的影响，假定 α_{21} 值不变时，外商直接投资对系统耦合的边际影响受知识产权保护水平的影响。若 α_{41} 显著为正，这意味着，随着知识产权保护水平的提升，外商直接投资对三系统耦合度的边际负效应也会减弱，即增强知识产权保护将导致外资项目平均规模提升时对系统耦合的负面作用会减小。

同理，交叉项 $(IPR \times STSC)_{it}$ 的系数 α_{42} 显著为正，这表明，随着生产性服务业出口结构的优化，知识产权保护对系统耦合的边际正效应将会提升。因此，生产性服务业出口结构的改善有助于增强知识产权保护对三系统耦合产生的促进效应。换言之，生产性服务业出口结构的不断优化会对知识产权保护水平的提升产生明显的推动作用。产生这种结果的原因是，生产性服务业具有高附加值和高创新性特征，生产性服务业所包含的技术、知识和创新需要知识产权保护作为外部制度性支持。其次，随着知识产权保护水平的提升，生产性服务业出口结构对三系统耦合的正向作用显著提升。这意味着，加强知识产权保护制度建设进程中，生产性服务业出口结构优化有助于增强三系统的耦合度。

此外，交叉项 $(FDI \times STSC)_{it}$ 的系数显著为负，这说明，随着生产性服务业出口结构的优化，外商直接投资对三系统耦合的边际负效应将会提升，换言之，生产性服务业出口结构的优化并未降低外商直接投资对系统耦合产生的负面影响，因此，随着生产性服务业出口结构的不断改善，其对外商直接投资产生了显著的负效应。可能的原因是，生产性服务业出口结构的优化表明我国依靠廉价劳动力加工的出口贸易比例不断下降，从而导致大量加工贸易型外商直接投资流向劳动力价格更为低廉的发展中国家，这也和周游（2014）的研究结论基本一致。此外，随着外商直接投资的流入，生产性服务业出口结构优化对三系统耦合的边际效应不断下降，这说明外资项目平均规模提升的同时，我国生产性服务业出口结构的优化未能有效促进三系统的耦合。

结合前文对三系统耦合度的测算可知，样本期间内，知识产权保护、外商直接投资和生产性服务业出口结构的耦合度始终处于较低水平且小幅下降，这里对三系统的协同效应分析结果给出了较为充分的解释。同时，上述分析结果表明，外商直接投资与生产性服务业出口结构对三系统耦合的协同效应不明显。知识产权保护与外商直接投资、知识产权保护与生产性服务业出口结构的交互影响对三系统耦合的协同效应显著，外商直接投资的流入并未使知识产权保护和生产性服务业出口结构对系统耦合的边际正效应提升，但知识产权保护、生产性服务业出口结构的优化有助于减轻外商直接投资对三系统耦合的负面影响。

二、非线性影响

上述线性分析分别讨论了知识产权保护、外商直接投资和生产性服务业出口结构对系统耦合的效应，以及三个子系统的相互交叉项所形成的协同效应。研究结果表明，某一子系统对耦合的边际作用会因其他子系统的变化而产生不同的结果，但这一分析假定知识产权保护、外商直接投资和生产性服务业出口结构的回归系数不变，而该假定是否成立有待进一步检验。鉴于此，借鉴汉森（Hansen，1999）的门槛回归模型对假定进行验证，并进一步检验三子系统交叉变量对系统耦合的非线性影响。以知识产权保护和外商直接投资为例，外商直接投资对系统耦合的影响可能存在基于知识产权保护水平的门槛效应，换言之，不同知识产权水平下外商直接投资对系统耦合的影响会存在差异，对这一结果的验证也将为我国知识产权保护制度建设提供决策支持。

门槛回归后进行单一门槛和多门槛效应自抽样检验。结果表明，单门槛效应通过了5%显著性水平的检验，而双门槛效应及三门槛效应均不显著。单门槛回归结果表明，只存在四种情况的显著门槛（见表5.5）。

表 5.5　单门槛模型回归结果

变量	*FDI* 为门槛变量 *IPR* 为关注变量	*IPR* 为门槛变量 *STSC* 为关注变量	*STSC* 为门槛变量 *IPR* 为关注变量	*IPR* 为门槛变量 *FDI* 为关注变量
STSC	0.066	—	0.070	0.067
STSC（*IPR*≦0.243）	—	0.051	—	—
STSC（*IPR*>0.243）	—	0.079	—	—
IPR	—	0.217	0.228	0.233
IPR（*STSC*≦0.287）	—	—	0.214	—
IPR（*STSC*>0.287）	—	—	0.267	—

续表

变量	*FDI* 为门槛变量 *IPR* 为关注变量	*IPR* 为门槛变量 *STSC* 为关注变量	*STSC* 为门槛变量 *IPR* 为关注变量	*IPR* 为门槛变量 *FDI* 为关注变量
FDI	−1.379	−1.221	−1.420	−1.339
FDI（*IPR*≦0.201）	—	—	—	−1.316
FDI（*IPR*>0.201）	—	—	—	−1.103
IPR（*FDI*≦0.417）	0.233	—	—	—
IPR（*FDI*>0.417）	0.178	—	—	—
IPR×*FDI*	−0.743	−0.679	−0.682	−0.704
IPR×*STSC*	0.396	0.402	0.381	0.363
C	0.880	0.795	0.886	0.891

注：所有系数均在5%的显著性水平下显著。

通过一系列测算可知，知识产权保护（*IPR*）处于不同水平区间时，外商直接投资（*FDI*）对系统耦合的影响系数呈现明显差异，分别为−0.11和−0.03，且在1%显著性水平线显著。综合考虑 *IPR*×*FDI* 和 *FDI* 系数的变动时，可以发现随着知识产权保护水平的提升，外商直接投资对系统耦合的边际负效应不断减弱。

同理，若综合考虑 *IPR*×*FDI* 和 *IPR* 系统的变动时，可以发现随着外资项目平均规模的不断提高，知识产权保护对系统耦合度的正向促进效应不断增强。同时考虑 *FDI*×*STSC* 和 *STSC* 系数的变动时，无法确定 $\partial ouhe/\partial STSC$ 的最终符号，换言之，随着外资项目平均规模的增加，生产性服务业出口结构对系统耦合的边际促进效应并不明确。此外，同时考虑 *IPR*×*STSC* 和 *IPR* 的系数变动时，可以确定 $\partial ouhe/\partial IPR$ 的最终符号为正，这意味着，随着生产性服务业出口结构的优化，知识产权保护对三系统耦合的边际促进效应不断提升。

综上可知，知识产权保护水平的提升，使外资项目平均规模增加，促进了生产性服务业出口结构的高级化，并且会使外商直接投资对三系统耦合的边际负效应减弱，使生产性服务业出口结构对系统耦合的边际正效应不断提升；生产性服务业出口结构的优化，引起外商直接投资对三系统耦合的边际负效应变动尚不明确，但促进了知识产权保护水平的提升，有利于三个子系统协调水平提升。换言之，生产性服务业出口结构的发展水平越高、知识产权保护强度越大，该地区三系统耦合程度越高。因此，以知识产权保护水平（*IPR*）和生产性服务业出口结构（*STSC*）的门槛值为基准，依据 2021 年中国各省市自治区的知识产权保护和生产性服务业出口结构水平，将我国 27 个地区划分为四种不同的类型（由于部分省份数据值缺失严重，不予以分析）。

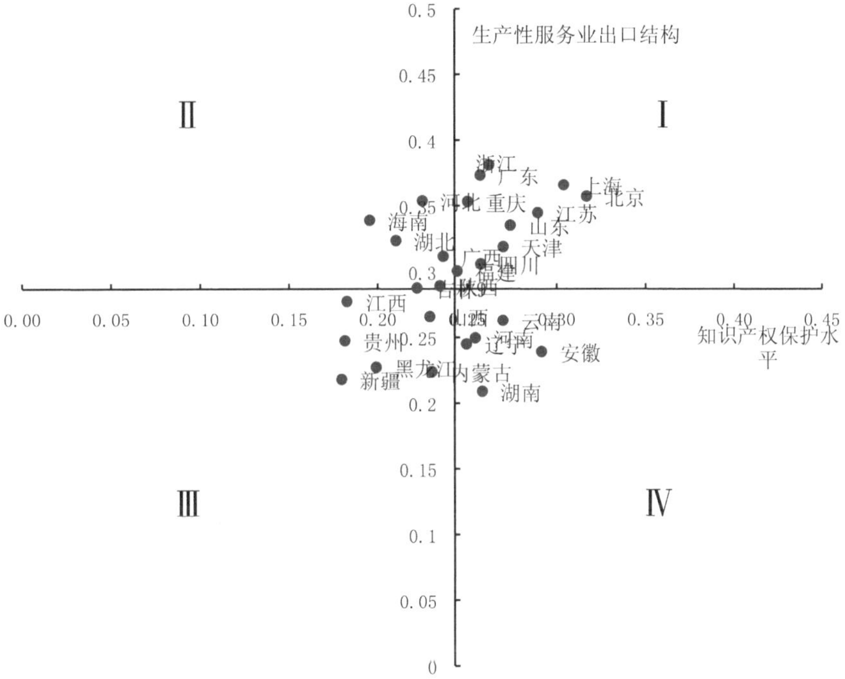

图 5.5　知识产权保护水平和生产性服务业出口结构分类象限图

如图 5.5 所示，坐标轴中的每个象限代表一种类型，最优类型为知识产权保护水平和生产性服务业出口结构水平均高于门槛值（第一象限），最差的为第三象限（知识产权保护水平和生产性服务业出口结构水平均低于门槛值），而第二象限和第四象限的地区分别存在知识产权保护水平过低、生产性服务业出口结构不合理的问题。北京、上海、浙江等位于第一象限的地区的知识产权保护水平和生产性服务业出口结构均有利于系统耦合度提升，两个子系统的协调度较高。贵州、江西、新疆等位于第三象限的地区则同时存在知识产权保护水平过低和生产性服务业出口结构层次较低的问题。为促进这些地区经济的高质量发展，需重点加强自主知识产权保护，切实提高实际保护水平，明确创新保护的根本目的是促进经济发展提质增效，同时基于“人无我有，人有我专”的发展思路不断提升生产性服务业出口质量，优化生产性服务业出口结构。湖北、海南、河北等第二象限地区的知识产权保护水平虽然跨越了门槛值，但并没有为生产性服务业出口结构的转型升级提供制度支撑，应更多注重将知识产权保护优势转化为自主创新优势，激发生产性服务业企业研究开发的积极性。安徽、湖南、云南等第四象限地区的生产性服务业出口结构已经跨越门槛值，但知识产权保护水平处于门槛值以下，知识产权保护强度尚不足以支撑生产性服务业出口结构的持续优化。

第四节　本章小节

通过分析 1993—2018 年期间我国省级层面知识产权保护、外商直接投资和生产性服务业出口结构之间的系统耦合协调发展关系发现，三子系统的耦合关系处于初级协调阶段，总体耦合度不高，且呈现小幅下降的趋势；同时，知识产权保护水平的提升和生产性服务业出口结构优化是提升系统耦合度的主要力量，而外资项目平均规模的上升阻碍了三系统耦合度的提升，这表明中国应更加注重对外开发水平的提高，加快转变传统引资模式，促进高质量技术性外商直接投资的流入。

此外，知识产权保护、外商直接投资和生产性服务业出口结构之间的交互作用明显，但只有知识产权保护与外商直接投资、知识产权保护与生产性服务业出口结构的交互项对系统耦合度提升产生了显著的协同效应，而外商直接投资和生产性服务业出口结构的交互项对系统耦合度提升不存在显著的协同作用。随着知识产权保护水平的提升，外商直接投资对三系统耦合的边际负效应不断降低。生产性服务业出口结构优化的同时，外商直接投资对三系统耦合的边际负作用反而出现了明显加大的趋势。

第六章　知识产权保护驱动生产性服务业出口结构优化的国家效应分析

本章运用2000—2022年经济发展相关数据，测算出生产性服务业出口结构、中国的知识产权保护水平、研究与试验发展经费支出、外商直接投资这四个变量，然后利用Granger因果关系检验和脉冲响应函数分析变量之间的影响关系。

第一节　中国知识产权保护和生产性服务业出口现状分析

一、中国知识产权保护现状与水平测量

（一）中国知识产权保护现状

经过多年的发展，中国颁布一系列有关知识产权保护的法律来不断完善知识产权法律法规体系，如《中华人民共和国商标法》《中华人民共和国专利法》《中华人民共和国著作权法》等。同时，中国对知识产权保护执法效力不断增强，执法水平也在不断提升，2022年有关专利纠纷案件结案33 768件，结案率高达97.6%。

知识产权保护不仅包括对专利的保护还包括对著作权与商标权的保护，但后两者只要经过形式的审查就可授权，而专利对技术的先进性和创新性要求比较

高，只有经过国家专利机关实质性审查才能被授予专利权，可见专利保护对知识产权保护的重要性。中国专利的受理量和授权量呈现三个阶段，第一阶段2000—2012年，自2000年修正《中华人民共和国专利法》以来，专利的受理量和授权量逐年上升，到2012年专利的受理量和授权量分别达到2 050 649件和1 255 138件，这可能与2008年再次修正《中华人民共和国专利法》有关；第二阶段2012—2014年，专利的受理量和授权量趋于平稳，2014年的受理量和授权量比2013年均有下滑，分别下降0.7%和0.8%，主要是由于外观设计专利和实用新型受理量比2013年分别下滑2.7%和14.4%。第三阶段2014—2022年，专利受理量和授权量持续上升阶段，在2014年国家知识产权局发布关于修改《专利审查指南》的决定，这可能是导致专利受理量和授权量增加的原因。同时，可以看出受理量与授权量差额也在逐年增加，反映中国关于专利法律法规日益完善，对专利审查日益严格，知识产权保护强度日益增强。

（二）中国知识产权保护强度测量

韩玉雄和李怀祖（2005），对 *GP* 指数进行修改，他们研究表明中国知识产权保护强度可以用其立法强度与执法力度乘积来表示。本章采用他们测量方式构建指标体系如图6.1所示，用公式表示为：

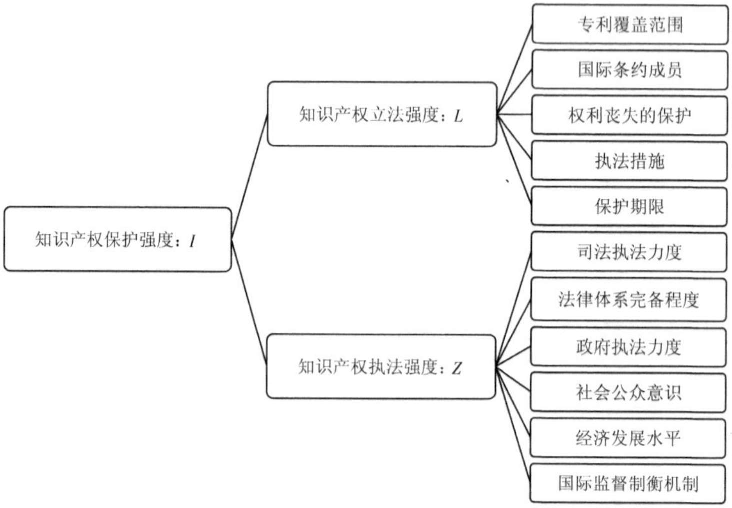

图6.1　知识产权保护水平指数体系

$$I(t) = L(t) * Z(t) \tag{6-1}$$

t 代表时间，I（t）代表中国知识产权保护强度，L（t）代表中国知识产权保护立法强度，Z（t）代表中国知识产权保护执法力度。

知识产权立法强度的测算：根据杨林燕（2015）对 *GP* 指数体系的修正结果与 Park（2008）对 *GP* 指数体系修正方法，在计算参与国际条例程度指标得分时增加了 WIPO 版权条约这项的评分。计算结果如表 6.1 所示。

表 **6.1** 中国知识产权保护立法强度统计表

年份	覆盖范围	国际条约成员	权利丧失的保护	执法措施	保护期限	立法强度
2000	0.75	0.667	0.667	0.333	1	3.417
2001	0.75	0.667	0.333	1	1	3.750
2002	0.75	0.833	0.333	1	1	3.916
2003	0.75	0.833	0.333	1	1	3.916
2004	0.75	0.833	0.333	1	1	3.916
2005	0.75	0.833	0.333	1	1	3.916
2006	0.75	0.833	0.333	1	1	3.916
2007	0.75	0.833	0.333	1	1	3.916
2008	0.75	1	0.333	1	1	4.083
2009	0.75	1	0.333	1	1	4.083
2010	0.75	1	0.333	1	1	4.083
2011	0.75	1	0.333	1	1	4.083
2012	0.75	1	0.333	1	1	4.083
2013	0.75	1	0.333	1	1	4.083
2014	0.75	1	0.333	1	1	4.083
2015	0.75	1	0.333	1	1	4.083
2016	0.75	1	0.333	1	1	4.083
2017	0.75	1	0.333	1	1	4.083
2018	0.75	1	0.333	1	1	4.083
2019	0.75	1	0.333	1	1	4.083

续表

年份	覆盖范围	国际条约成员	权利丧失的保护	执法措施	保护期限	立法强度
2020	0.75	1	0.333	1	1	4.083
2021	0.75	1	0.333	1	1	4.083
2022	0.75	1	0.333	1	1	4.083

资料来源：国家知识产权局整理数据计算所得。

中国知识产权保护立法强度由专利覆盖范围、国际条约成员、权利丧失的保护、执法措施、保护期限这五个一级指标组成，每个一级指标等于其所有二级指标加权求和，各年知识产权保护立法强度指标等于一级指标之和。每个一级指标用 0 到 1 之间的数值表示，0 表示完全没有执行相关法律法规，1 表示完全执行相关法律法规，立法强度等于五个一级指标之和除以 5。

从表 6.1 可以看出，中国 2000—2022 年知识产权保护立法强度变化趋势分为三个阶段，第一阶段 2000—2002 年，中国知识产权保护立法强度越来越强，在 2001 年增强了 9.75%，主要是由于中国在 2000 年修正《中华人民共和国专利法》完善执法措施，而 2002 年知识产权保护立法强度为 3.916%，则是因为中国在 2001 年签署 TRIPS 协定。第二阶段 2002—2007 年和第三阶段 2008—2022 年知识产权保护立法强度一直保持在 3.916 和 4.083，其中 2007 年到 2008 年知识产权保护立法强度增强 4.26%，是由于在 2007 年 6 月 9 日 WIPO 版权条约在中国正式生效。从整体来看中国对知识产权保护的立法强度已经处于一个比较高的水平，但专利覆盖范围与权利丧失的保护这两方面有待加强。

知识产权执法强度的测算：根据韩玉雄和李怀祖（2005）和姚利民、饶艳（2009）对知识产权执法强度测量方法，本章分别从司法执法力度、法律体系完备程度、政府执法力度、社会公众意识、经济发展水平、国际监督制衡机制六个方面选取合适变量进行构建知识产权执法强度指标。

司法执法力度。采取的是韩玉雄和李怀祖（2005）的方式，用“一国或地区专职律师人口占该国或地区总人口比例”来衡量。法律体系完备程度，采取“立法时间”这一指标来量化中国法律体系完备程度，假设中国完善法律体系需要

100年时间，若中国立法时间超过或等于100年时，法律体系完备程度值为1，若中国立法时间小于100年时，法律体系完备程度值为中国实际立法时间除以100。政府执法力度，根据姚利民和饶艳（2009）的方法，用“专利侵权案件结案率”这一指标反映。社会公众意识，用“一国人均专利申请量”来衡量。本章以每万人持有专利申请量10件为界限，当一国每万人持有专利申请量小于10件时，社会公众意识分值为实际值除以10，反之分值为1。经济发展水平。本章参照当今世界各国经济发展水平，选择人均GDP为3000美元作为界限，当人均GDP低于3000美元时，经济发展水平分值用中国实际的人均GDP除以3000的值来衡量，反之经济发展水平分值为1。国际监督制衡机制。根据韩玉雄和李怀祖（2008）研究，引入国际监督制衡机制这一指标，可用是否进入WTO组织来度量。根据以上说明，计算出中国知识产权执法强度结果如表6.2所示。

表**6.2**　中国知识产权保护执法强度统计表

年份	社会法制化程度	法律体系的完备程度	政府执法效力	社会公众意识	经济发展水平	国际组织的制衡机制	执法力度
2000	0.109	0.460	0.270	0.111	0.320	0.000	0.212
2001	0.120	0.470	0.305	0.130	0.351	0.000	0.229
2002	0.140	0.480	0.306	0.160	0.383	1.000	0.411
2003	0.154	0.490	0.276	0.194	0.430	1.000	0.424
2004	0.155	0.500	0.285	0.215	0.503	1.000	0.443
2005	0.175	0.510	0.273	0.293	0.584	1.000	0.473
2006	0.186	0.520	0.253	0.358	0.700	1.000	0.503
2007	0.194	0.530	0.255	0.444	0.898	1.000	0.554
2008	0.211	0.540	0.278	0.540	1.000	1.000	0.595
2009	0.233	0.550	0.283	0.658	1.000	1.000	0.621
2010	0.263	0.560	0.235	0.827	1.000	1.000	0.648
2011	0.286	0.570	0.285	1.000	1.000	1.000	0.690
2012	0.308	0.580	0.217	1.000	1.000	1.000	0.684
2013	0.331	0.590	0.307	1.000	1.000	1.000	0.705

续表

年份	社会法制化程度	法律体系的完备程度	政府执法效力	社会公众意识	经济发展水平	国际组织的制衡机制	执法力度
2014	0.357	0.600	0.359	1.000	1.000	1.000	0.719
2015	0.389	0.610	0.365	1.000	1.000	1.000	0.727
2016	0.425	0.620	0.386	1.000	1.000	1.000	0.739
2017	0.456	0.630	0.405	1.000	1.000	1.000	0.748
2018	0.522	0.640	0.381	1.000	1.000	1.000	0.757
2019	0.531	0.660	0.411	1.000	1.000	1.000	0.764
2020	0.552	0.670	0.426	1.000	1.000	1.000	0.780
2021	0.579	0.690	0.438	1.000	1.000	1.000	0.798
2022	0.593	0.710	0.503	1.000	1.000	1.000	0.802

数据来源：采用中国统计年鉴、国家知识产权局统计年报、世界银行数据库整理得出。

根据表 6.2 分析可知，2000—2018 年中国知识产权保护执法力度变化趋势分为三个阶段，第一阶段 2000—2001 年，中国有关知识产权保护社会法制化程度比较低，法律体系不够完善，政府执法效力、社会公众意识和经济发展水平不够高，没有国际组织制衡机制，但整体还是呈上升趋势，只是比较缓慢。第二阶段 2002—2007 年，随着中国加入 WTO，有国际组织的制衡机制，人均 GDP 飞速增长，知识产权保护执法力度呈快速上升趋势。第三阶段 2008—2022 年，中国知识产权保护执法力度呈缓慢趋势增长，主要由于中国经济发展赶超发展中国家，社会公众对知识产权保护意识不断增强，到 2022 年执法力度达到 0.802，中国知识产权保护执法力度是比较强，但由于政府执法效力和社会法制化程度不够高，导致中国执法力度与欧美国家还是有一定差距。

（三）知识产权保护强度测算结果分析

根据上文公式计算出中国知识产权保护强度，计算出 2000—2022 年中国知识产权立法强度和中国知识产权执法强度，结果如表 6.3 所示。

表 6.3　中国知识产权保护强度统计表

年份	执法强度	立法强度	保护强度
2000	0.212	3.417	0.723
2001	0.229	3.750	0.860
2002	0.411	3.916	1.611
2003	0.424	3.916	1.660
2004	0.443	3.916	1.735
2005	0.473	3.916	1.851
2006	0.503	3.916	1.969
2007	0.554	3.916	2.168
2008	0.595	4.083	2.429
2009	0.621	4.083	2.534
2010	0.648	4.083	2.644
2011	0.690	4.083	2.818
2012	0.684	4.083	2.793
2013	0.705	4.083	2.877
2014	0.719	4.083	2.937
2015	0.727	4.083	2.970
2016	0.739	4.083	3.015
2017	0.748	4.083	3.056
2018	0.757	4.083	3.091
2019	0.764	4.083	3.102
2020	0.780	4.083	3.108
2021	0.798	4.083	3.213
2022	0.802	4.083	3.362

由表 6.3 可知，2000—2022 年中国知识产权保护强度是呈上升趋势，整体来看与执法强度、立法强度增长趋势相同，可以分为三个阶段，第一阶段 2000—2002 年，知识产权保护强度呈飞速上升，主要是由于 2001 年实施修改后

的《中华人民共和国专利法》，中国加入 WTO 等原因。第二阶段 2002—2010 年，2002 年以后知识产权保护强度增速变缓，可能是由于 2002 年以前知识产权保护强度基数小，增长比较容易，2002 年后随着经济发展水平，社会对知识产权保护意识等因素提高，知识产权保护强度有所增长，但比第一阶段要慢。第三阶段 2010—2022 年，同理比第二阶段增长比较缓，不断接近发达国家水平，但由于执法强度不够强，中国的知识产权保护强度还是不及发达国家如美国、日本等国家。因此，中国各级政府还需提高在知识产权方面的执法强度，从而增强中国的保护强度。

二、中国生产性服务业出口现状分析

本章通过外汇管理局发布的中国国际收支平衡表，并以《国际收支和国际投资头寸手册》第六版为分类依据，将生产性服务出口分类为：运输，金融服务，知识产权使用费，电信、计算机和信息服务，其他商业服务；其中将运输划分为传统生产性服务行业，剩余的行业划分为现代生产性服务行业。

（一）中国生产性服务业出口行业结构

根据外汇管理局数据整理计算，中国生产性服务业出口行业结构呈“U”字型变化趋势，其变化呈现出三个阶段，第一个阶段 2000—2008 年，现代生产性服务业出口额与传统性生产性服务业出口额呈上升趋势，到 2008 年二者出口额分别达到 493 亿美元和 487 亿美元，但中国生产性服务业出口行业结构愈来愈劣化其中传统性生产性服务业出口占主导地位，现代生产性服务业出口与传统性生产性服务业出口比值从 2.198 下降到 1.011。第二阶段 2008—2016 年，中国生产性服务业出口整体呈波动式上涨，其生产性服务业出口行业结构也呈波动式变化。第三阶段 2016—2022 年，中国生产性服务业出口整体呈上涨趋势，其生产性服务业出口行业结构趋于稳定，测量值在 1.97 上下波动。

（二）中国生产性服务业出口行业国际竞争力

通过贸易竞争力指数（*TC* 指数）可以表示各类型产品的国际分工情况和研

究各行业之间竞争优势情况，运用 TC 指数来衡量中国生产性服务业出口行业的国际竞争力。其表达式为：

$$TCi = (Ei - Ii)/(Ei + Ii) \tag{6-2}$$

在式（6-2）表达式中，TC_i 表示中国生产性服务业出口 i 行业的贸易竞争力指数，E_i 表示 i 行业的出口额，I_i 表示 i 行业的进口额。TC_i 指数的取值范围为［−1，1］，当 TC_i 越趋近于0，说明该行业的竞争力越接近国际行业平均水平；当 TC_i 大于0时，说明该行业的竞争力超过了国际行业平均水平，越趋近1，竞争力越强；当 TC_i 小于0时，说明该行业的竞争力比国际行业平均水平小，越趋近−1，竞争力越弱。

表 **6.4**　中国生产性服务行业出口行业国际竞争力统计表

时间	运输服务	传统性生产性服务业	金融服务	电信、计算机和信息服务	知识产权使用费	其他商业服务	现代性生产性服务业	生产性服务业
2004	−0.48	−0.48	−0.11	0.54	−0.88	0.03	−0.10	−0.18
2005	−0.42	−0.42	0.12	0.04	−0.89	0.04	−0.17	−0.22
2006	−0.41	−0.41	−0.28	−0.15	−0.92	0.08	−0.31	−0.33
2007	−0.40	−0.40	−0.21	0.09	−0.94	0.10	−0.24	−0.27
2008	−0.34	−0.34	−0.19	0.12	−0.90	0.15	−0.21	−0.23
2009	−0.30	−0.30	−0.05	0.02	−0.94	0.09	−0.22	−0.23
2010	−0.24	−0.24	−0.72	0.19	−0.94	0.11	−0.34	−0.32
2011	−0.16	−0.16	−0.41	0.25	−0.92	0.05	−0.26	−0.24
2012	−0.13	−0.13	−0.28	0.25	−0.90	0.01	−0.23	−0.21
2013	−0.33	−0.33	−0.29	0.27	−0.93	0.06	−0.22	−0.24
2014	−0.30	−0.30	−0.02	0.44	−0.88	0.11	−0.09	−0.13
2015	−0.39	−0.39	0.06	0.47	−0.90	0.07	−0.08	−0.14
2016	−0.38	−0.38	−0.01	0.49	−0.89	0.09	−0.08	−0.14
2017	−0.43	−0.43	−0.07	0.38	−0.92	0.09	−0.13	−0.19
2018	−0.43	−0.43	−0.04	0.30	−0.94	0.26	−0.11	−0.17
2019	−0.38	−0.38	−0.06	0.37	−0.91	0.19	−0.10	−0.16

续表

时间	运输服务	传统性生产性服务业	金融服务	电信、计算机和信息服务	知识产权使用费	其他商业服务	现代性生产性服务业	生产性服务业
2020	－0.41	－0.41	0.22	0.33	－0.91	0.15	－0.05	－0.12
2021	－0.43	－0.43	0.36	0.16	－0.71	0.17	－0.01	－0.09
2022	－0.44	－0.44	0.23	0.12	－0.73	0.17	－0.05	－0.13

数据来源：外汇管理局数据整理计算所得。

根据表 6.4 来看，中国生产性服务行业出口行业国际竞争力弱，2004—2022 年中国生产性服务行业出口行业国际贸易竞争力指数都小于 0，其中生产性服务出口贸易的国际竞争力现代性要比传统性要强些，尤其电信、计算机和信息服务与其他商业服务国际贸易竞争力指数基本上都大于 0。

从整理分析结果来看，2004—2022 年中国生产性服务行业出口行业国际竞争力增长趋势与现代生产性服务业出口行业国际竞争力趋势相似都是呈波动式上升趋势，而传统性服务业出口行业国际竞争力趋势呈“凸”形，2013 年国际贸易竞争力达到最大－0.13 后一直处于下降趋势。因此，可以看出只要提升现代生产性服务业出口行业的国际竞争力就可以提高中国生产性服务行业出口行业国际竞争力。

第二节　知识产权保护激励生产性服务业出口结构优化的实证分析

一、知识产权保护激励生产性服务业出口结构优化的机制分析

知识产权保护一方面可以通过保障智力成果或提升技术创新产生市场扩张效应促进生产性服务业出口结构改善，另一方面也可以通过企业垄断竞争或增加生产成本产生市场势力效应恶化生产性服务业出口结构。本章通过这两个方面进行

研究分析知识产权保护对生产性服务业出口结构影响的机制。

（一）知识产权保护对生产性服务业出口结构市场扩张效应

知识产权保护通过保障智力成果或提升技术创新可以对现代生产性服务业产生的市场扩张效应，能够改善生产性服务出口结构。现代生产性服务业主要具有三个特点：一需要技术创新；二生产成本和再造成本低；三数字技术、产品信息容易被复制、模仿、扩散。根据 Luis Rubalcaba、Diego Aboal 和 Paula Garda（2016）提出先进的数字技术能让知识密集型服务产品以接近为零的边际成本进行复制和传播，为中小型企业提供了大量、边际成本低的知识密集型服务产品。因此，如果一国的知识产权保护强度不高会导致竞争者进行剽窃和模仿等行为泛滥，而一国或地区的知识产权保护水平提升能更好地保障创造者智力成果从而保证现代生产性服务企业的核心竞争力。

知识产权制度的完善使知识产权界限更加明确，根据李静媛（2016）研究表明生产性服务业持续不断发展的根本动力是科技创新，一国的行业科技创新能力的提高能够提升该行业的劳动生产率。通过大卫·李嘉图的比较优势理论可知，国家或地区会将劳动生产率相对较高的商品出口，因此，知识产权保护强度的增加会使得现代生产性服务业出口量增加，最终生产性服务业出口结构得到有效改善。

（二）知识产权保护对生产性服务出口结构市场势力效应

知识产权保护通过企业垄断竞争或增加生产成本对现代生产性服务业产生市场势力效应，恶化生产性服务业出口结构。从企业生产成本来看，根据白雪洁、孙红印和汪海凤（2016）研究表明拥有垄断势力的现代生产性服务业企业凭借专利技术先占权优势形成技术壁垒，这就是潜在地提升进入现代生产性服务公司的资本，将想进入市场的公司拒之门外。不仅如此，知识产权保护水平过高，对中小微型公司来说，若研发和创新的成本太高，潜在风险增强，公司通常会放弃创新。垄断企业凭借市场优势和品牌优势盈利市场需求，而刚进入现代生产性服务业的企业由于企业内部创新资源无法得到正常补给，外部获取成本过高，最终退出市场。

从企业垄断势力来看，知识产权保护水平过高，行业的垄断企业会基于自身优势通过价格和非价格策略，提高规模经济点，打压竞争力弱的企业，让潜在进入现代生产性服务业的企业望而却步，不敢贸然进入市场。

知识产权保护对生产性服务业出口结构的净效应是由市场扩张效应与市场势力效应相互比较孰轻孰重决定的，若市场扩张效应强烈净效应为改善，若市场势力效应强烈净效应为恶化。因此，只有合适的知识产权保护强度才能扩大现代生产性服务业出口额，使得生产性服务业出口结构得到改善。

二、模型设定、变量说明及数据来源

在理论分析的基础上，从实证分析的角度研究中国知识产权保护影响生产性服务业出口结构的经济效益。采用建立 VAR 模型，结合各组经济变量的时间序列，对生产性服务业出口结构与知识产权保护、研究与试验发展经费支出、外商直接投资的关系进行实证分析。

（一）模型设定

VAR 模型是基于平稳的时序变量，每一个方程的内生变量对模型的全部内生变量的滞后值进行回归分析，从而估计全部内生变量的动态关系的向量自回归模型。VAR 模型的数学表达式为：

$$Yf = C_1Y_{f-1} + C_2Y_{f-2} + \cdots + C_pY_{f-p} + Ae_f + \beta_f + H \quad f = 1,2,\cdots,F \quad (3)$$

其中 Y_f 为 d 维内生变量的列向量，f_t 为 d 维扰动列向量，e_f 为 b 维外生变量列向量，f 为样本个数，p 为滞后阶数，H 为常数项，$C_1\cdots\cdots C_p$ 为 $d\times d$ 维矩阵和 A 为 $d\times b$ 维矩阵，扰动项互相之间可以同期相关，但不可以有自相关和与等式右边的变量相关。

（二）变量说明及数据来源

VAR 模型涉及的经济变量有四种，每一种变量都有对应的统计指标来表示。

生产性服务业出口结构（S）：将生产性服务业出口结构设为 S。是由外汇管理局、国家统计局提供的数据进行统计。采用现代服务业出口额与传统服务业出口额的比值作为生产性服务业出口结构数值。生产性服务业出口结构数值越高则认为现代生产性服务业出口额越大，知识产权保护和研究与试验发展经费支出因素对生产性服务业出口结构的经济效益影响越大。

知识产权保护（I）：将知识产权保护设为 I。此变量是由第二章对中国知识产权保护水平测量结果提供的数据。通过第三章第一节知识产权保护对生产性服务业出口结构影响机制分析得出知识产权保护水平对生产性服务业出口结构的影响有正也有负。

研究与试验发展经费支出（RD）：将研究与试验发展经费支出设为 RD。此变量是由国家统计局提供统计数据和各年度汇率中间价将其值调整为美元计价。一国或地区的研究与试验发展经费支出（RD）增加会提升该国或地区的科学技术水平，从而提升商品的品质和生产效率，进而通过市场规模经济减少生产产品所需成本，增加该国或地区的现代生产性服务业出口额。因此，生产性服务业出口结构的优化水平与研究与试验发展经费支出这一因素有关。

外商直接投资（FDI）：将外商直接投资设为 FDI。是出国家统计局提供实际利用外商直接投资金额这一指标进行数据统计。一国或地区的外商直接投资额的增加不仅会给该国或地区带来资本，也可以带来更加优秀的科研人才和管理人才，同时，生产性服务业出口结构的优化也可能带来外商直接投资，二者可能存在相互影响的关系。

三、生产性服务出口结构与其影响因素的实证分析

对数据进出实证分析时，不平稳的时间序列是常见的，但要进行进一步分析一般要求时间序列是平稳性，若非平稳，就会产生伪回归等问题，变量之间的关系就不能通过模型准确地反映出来。因此，本节依次进行单位根检验、协整性检验、向量误差修正模型、Granger 因果关系检验、脉冲响应函数分析研究我国的生产性服务业出口结构（S）与知识产权保护水平（I）、研究与试验发展经费支出（RD）、外商直接投资（FDI）的关系，这样能有效地避免数据的伪回归问题。

（一）变量平稳性检验

利用时间序列回归时，为了保证协整性检验、VAR 模型建立和 Granger 因果关系检验的有效性，对 *S*、*I*、*RD*、*FDI* 进行 ADF 单位根检验，检验结果如下表 6.5 所示。

表 **6.5**　各变量平稳性检验结果

变量	ADF 值	临界值（10%）	P 值	结论
S	0.306	−1.606	0.763	不显著
I	−2.914	−2.661	0.063	显著
RD	−1.108	−3.325	0.892	不显著
FDI	−0.132	−2.661	0.932	不显著
D（*S*（−1））	−6.151	−1.606	0.000	显著
D（*I*（−1））	−3.842	−2.667	0.011	显著
D（*RD*（−1））	−3.539	−3.325	0.072	显著
D（*FDI*（−1））	−5.998	−2.667	0.000	显著

资料来源：根据 Eviews 8.0 软件计算结果整理得出。

从表 6.5 可知，数据平稳性检验结果表明：在 10%的显著性水平下，生产性服务业出口结构（*S*）与知识产权保护水平（*I*）、研究与试验发展经费支出（*RD*）、外商直接投资（*FDI*）等样本数据的一阶差分序列均拒绝具有单位根的原假设，所以一阶差分后的序列都是同阶单整序列。因此，可以进一步检验 *S*、*I*、*RD*、*FDI* 是否具有长期的协整性关系。

（二）协整性检验

为了研究生产性服务业出口结构（*S*）与知识产权保护水平（*I*）、研究与试验发展经费支出（*RD*）、外商直接投资（*FDI*）这四个变量之间是否存在长期的协整性关系，进行 Johansen 协整性检验。检验结果如表 6.6 所示。

表 6.6　Johansen 协整性检验结果

Unrestricted Cointegration Rank Test (Trace)				
Hypothesized		Trace	0.05	
No. of CE (s)	Eigenvalue	Statistic	Critical Value	Prob.**
None*	0.988	106.859	55.246	0.000
At most 1*	0.768	36.366	35.011	0.036
At most 2	0.463	13.003	18.398	0.241
At most 3	0.174	3.057	3.841	0.080

资料来源：根据 Eviews 8.0 软件计算结果整理得出。

根据表 6.6 表明，检验结果拒绝“没有协整关系”的原假设，5%的临界值 55.246 小于该假设的统计量 106.859，同时拒绝“至少存在一个协整关系”的原假设，5%的临界值 35.011 小于该假设的统计量 36.366。但不拒绝“至少存在两个协整关系”的原假设，5%的临界值 18.398 大于该假设的统计量 13.003，由此得出至少存在两个协整关系，即 S、I、RD、FDI 四个变量之间存在长期的协整性关系。

（三）VAR 模型滞后期的选择

选用 LR（拟然比）统计量、FPE（最终预测值）、SC 信息准则、AIC 信息准则及 HQ 信息准则来判断最优滞后期。根据表 6.7 表明，最优的滞后期数为 1，因此应该在样本数据滞后一期的基础上建立 VAR 模型。

表 6.7　滞后期阶数确定

Lag	Log$L$	LR	FPE	AIC	SC	HQ
1	−144.131	NA	6051.748*	20.016*	20.789*	20.056*
2	−131.286	12.84491	12754.45	20.411	21.956	20.490

资料来源：根据 Eviews 8.0 软件计算结果整理得出。

（四）格兰杰（Granger）因果关系检验

根据 Johansen 协整性检验结果表明，生产性服务业出口结构（S）与知识产权保护水平（*I*）、研究与试验发展经费支出（*RD*）、外商直接投资（*FDI*）这四个变量之间存在长期的协整性关系，同时根据分析结果，样本数据最优的滞后期数为 1，在此基础上，采用格兰杰（Granger）因果关系检验法进一步分析变量之间的因果关系，检验结果表 6.8 所示。

表 **6.8**　格兰杰因果关系分析表

Null Hypothesis：	F-Statistic	Prob	结论
D（*I*（−1））does not Granger Cause D（*S*（−1））	0.098	0.755	接受
D（*RD*（−1））does not Granger Cause D（*S*（−1））	3.192	0.074	拒绝
D（*FDI*（−1））does not Granger Cause D（*S*（−1））	2.332	0.127	接受
D（*S*（−1））does not Granger Cause D（*I*（−1））	4.984	0.026	拒绝
D（*S*（−1））does not Granger Cause D（*RD*（−1））	0.009	0.924	接受
D（*S*（−1））does not Granger Cause D（*FDI*（−1））	0.457	0.499	接受

资料来源：根据 Eviews 8.0 软件计算结果整理得出。

根据表 6.8 格兰杰因果关系分析得出，知识产权保护（*I*）和外商直接投资（*FDI*）接受原假设不是导致生产性服务业出口结构（*S*）优化的原因，但研究与试验发展经费支出（*RD*）拒绝原假设研究与试验发展经费支出（*RD*）是导致生产性服务业出口结构（*S*）优化的原因，即研究与试验发展经费支出是引起生产性服务业出口结构优化的原因。此外，生产性服务业出口结构（*S*）优化对知识产权保护（*I*）影响显著，但对外商直接投资（*FDI*）和研究与试验发展经费支出（*RD*）不显著，不是其格兰杰原因。

（五）VAR 模型稳定性检验

根据 ADF 单位根检验、Johansen 协整性检验和 AIC 和 SC 最小原则测出滞后期最优为 1，建立 VAR 模型。同时为了进行脉冲响应函数分析，通过 Eviews 8.0 软件进行 VAR 模型稳定性检验，结果如图 6.2 所示。*S*、*I*、*RD*、*FDI* 这四个特征根的倒数值都在单位圆内，表示建立的 VAR 模型是稳定的。

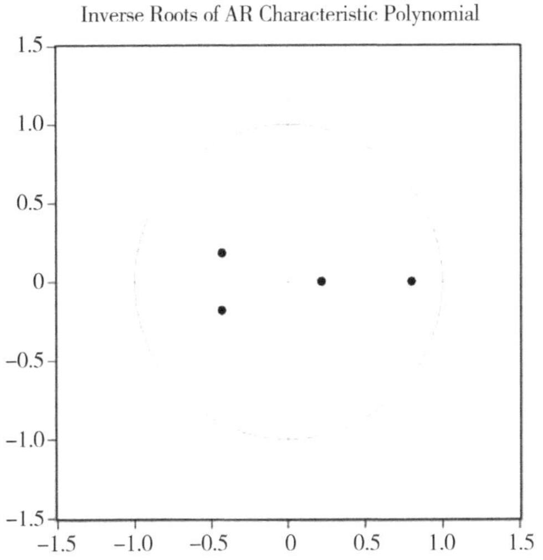

图 6.2　VAR 模型特征根的倒数分布

（六）VAR 模型的脉冲响应函数

根据 VAR 模型建立脉冲响应函数模型。通过脉冲响应函数可以描述生产性服务业出口结构（*S*）、知识产权保护水平（*I*）、研究与试验发展经费支出（*RD*）和外商直接投资（*FDI*）这四个变量的变动或冲击对其本身及其他内生变量当前和未来产生的影响，从而反映 *S*、*I*、*RD*、*FDI* 这四个变量之间的长期动态响应关系（如图 6.3—6.5）。

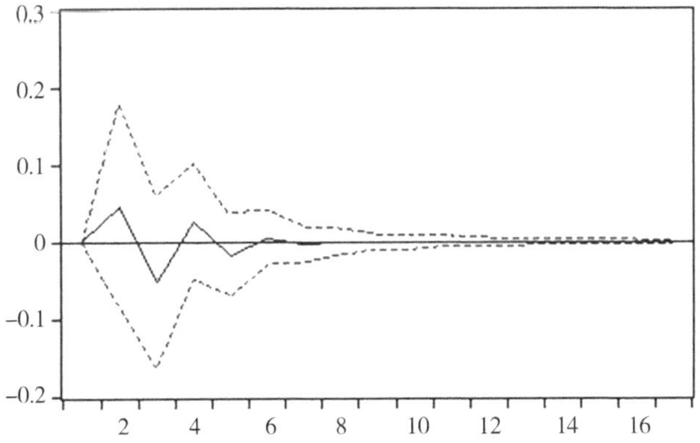

图 6.3　知识产权保护对生产性服务业出口结构的冲击图

由图 6.3 可知，知识产权保护对生产性服务业出口结构的冲击在第一期至第六期呈波动式变动，六期以后趋于稳定，并在第二期达到最大值 0.05，第三期达到最小值－0.05。证实前文中所提到的知识产权保护强度对生产性服务业出口结构优化存在正负效应。主要原因可能是：第一，2000—2006 中国知识产权保护还在刚刚起步发展阶段，在政策颁布和实施等方面还在摸索阶段，因此可能中国知识保护强度与生产性服务业发展水平不相适应导致知识产权保护对生产性服务业出口结构的冲击不稳定；第二，生产性服务业出口结构不稳定，2000—2006 年中国知识教育水平比较低，现代生产性服务业出口行业发展不成熟，传统生产性服务业出口占生产性服务业出口主要组成部分，而知识产权保护强度的提升对企业的科学技术创新发展也是存在正负效应的，导致现代生产性服务业出口行业不能稳定发展。因此知识产权保护强度的不断提升对生产性服务业出口结构的冲击呈波动状态。

近几年来，中国对教育投入增加，服务业人才的素质持续提升，不仅人民对服务有了更高的追求，工业生产对服务也有了的要求。这使中国现代生产性服务业获得发展机遇，从而使得生产性服务业出口结构得到比较大的改善。而中国知识产权保护强度不断增强，趋于发达国家水平，最后趋于稳定，因此对生产性服务业出口结构影响冲击也趋于稳定。

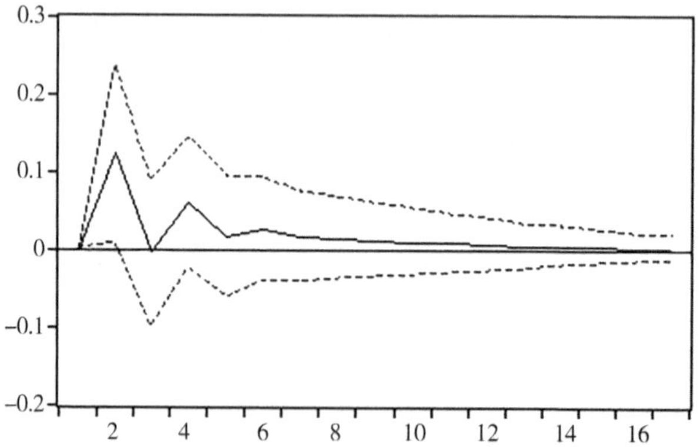

图 6.4　研究与试验发展经费支出对生产性服务业出口结构的冲击图

由图 6.4 可知，研究与试验发展经费支出对生产性服务业出口结构的冲击从第一期开始上升到第二期达到最大值 0.12，从第二期开始逐渐下降并趋于平稳，长期观察为正效应。以上说明研究与试验发展经费支出的增加能使得中国生产性服务业出口结构得到改善。通过研究与试验发展经费支出的增加，能够提高中国在生产性服务业的科学技术水平和国际竞争力使行业现代化、科技化，从而提升中国现代生产性服务业的技术水平和生产效率，进而促进其产业出口，让中国生产性服务业出口结构得到改善。

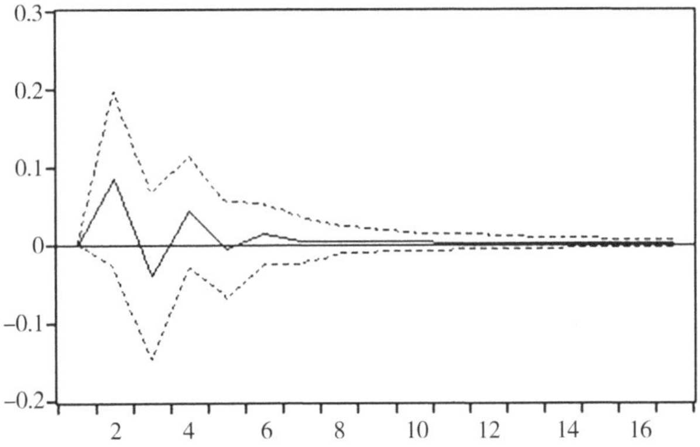

图 6.5　外商直接投资对生产性服务业出口结构的冲击图

由图 6.5 可知，外商直接投资对生产性服务业出口结构的冲击第一期到第七期呈波动式冲击，第七期以后趋于稳定，其中在第二期达到最大值 0.08，第三期达到最小值－0.04，说明外商直接投资能促进生产性服务出口结构优化的同时也能够抑制。主要原因可能是外商直接投资主要是流向现代生产性服务行业，使其出口规模不断扩大，培养出更加优秀的人才，从而提升生产技术水平，进而达到优化生产性服务业出口结构的目的。而外商直接投资能抑制生产性服务业出口结构优化的原因是因为外商直接投资在带来资金和技术的同时，对中国基础设施要求更高质量，对运输服务需求增加。因此传统性生产性服务业出口比重逐渐增加，导致生产性服务业出口结构劣化。

四、实证结果分析

本章基于中国 2000—2022 年的相关经济数据，建立 VAR 模型进行实证分析中国知识产权保护、研究与试验发展经费支出、外商直接投资与生产性服务业出口结构的效应分析，实证结果如下：

知识产权保护和外商直接投资不是导致生产性服务业出口结构优化的格兰杰

原因，而研究与试验发展经费支出是导致生产性服务业出口结构优化的原因。通过格兰杰因果关系检验，分别原假设知识产权保护、研究与试验发展经费支出、外商直接投资不是引起生产性服务业出口结构优化的格兰杰原因，检验结果P值分别为0.755、0.074、0.127，其中只有原假设为研究与实验发展经费支出不是引起生产性服务业出口结构优化的格兰杰原因的检验结果P值小于0.1，没有拒绝原假设。

知识产权保护和外商直接投资对生产性服务业出口结构的效应具有双向性的，既可以促进结构的改善也能够恶化。但研究与试验发展经费支出对生产性服务业出口结构优化只有促进作用。通过VAR模型建立脉冲响应函数模型，分别分析知识产权保护、研究与试验发展经费支出、外商直接投资对生产性服务业出口结构的冲击，结果现实：知识产权保护对生产性服务业出口结构的冲击最大值0.05，最小值－0.05；外商直接投资对生产性服务业出口结构的冲击最大值0.08，最小值－0.04；研究与试验发展经费支出对生产性服务业出口结构的冲击最大值0.12，最小值为0。

第三节　本章小结

本章通过对中国知识产权保护和生产性服务业出口现状深入研究分析得出，中国关于知识产权保护相关的法律日益完善，执法力度日益增强，从而促进中国知识产权保护水平日益提高。同时，中国生产性服务业出口结构也在不断改善，但中国生产性服务行业出口行业总体来说国际竞争力较弱。通过建立VAR模型，对中国知识产权保护（I）、研究与试验发展经费支出（RD）、外商直接投资（FDI）与生产性服务业出口结构（S）的效应进行实证分析，得出研究与试验发展经费支出（RD）是导致生产性服务业出口结构（S）改善的原因，而知识产权保护（I）和外商直接投资（FDI）不是导致生产性服务业出口结构（S）改善的格兰杰原因。同时也分析出知识产权保护和外商直接投资对生产性服务业出口结构的效应具有双向性的，既可以促进结构改善的同时也能够恶化结构。

第七章 知识产权保护、外商直接投资与出口产业结构调整的相互影响研究

随着我国对外开放的深入，出口和外商直接投资在我国经济发展中的影响日益彰显，但与此同时，如何克服和缓解我国出口和外商直接投资带来的一系列问题，如何使我国出口和外商直接投资在保持优势的基础上更好地发展，如何更好地利用外商直接投资，优化我国出口产业结构，这些都是当前急需解决的问题。然而不管是吸引高质量外商直接投资还是优化出口产业结构，都与我国知识产权保护息息相关，因为加强知识产权保护一方面可以提高外商直接投资的技术含量，另一方面能够阻碍技术扩散和本土模仿。因此，如何在调整出口结构和外资结构过程中依靠并促进知识产权保护备受经济学家的广泛关注。

在外商直接投资与出口产业结构的关系研究中，文献主要局限在研究外商直接投资对出口产业结构的单向影响，如 Hejazi et al.（1999）认为外商直接投资进入东道国，在东道国建厂生产，会为东道国带来资本和技术，进而影响出口产业结构。而且随着外资的不断流入，东道国的进出口贸易显著扩张，在推动经济增长的同时也促进了产业结构的升级，实现了出口商品结构的转变，但外资企业在华投资在提升一国出口产业结构的同时也会削弱了本土多数行业和产品的出口竞争能力。FDI 影响出口产品竞争力具有多样性特征，与我国出口贸易发展和相关制度变迁存在显著关系，尤其是对我国资本密集型产品的国际竞争力具有较大的推动作用。近年来也有文献专门检验 FDI 流入对中国出口品技术结构变化的影

响，结果发现 FDI 对出口品技术结构的优化作用并不理想，主要原因是 FDI 主要目的是追逐中国市场和利润，而不是改善我国的出口贸易结构。

对于中国出口和外商直接投资规模的迅速扩张，Lo et al.（1998）、Rodrik（2006）、张杰等（2008）均认为某些制度层面因素可以提供一定合理成分的解释。而一国知识产权保护制度可以决定技术扩散的程度，从而影响 FDI 和本国的贸易比较优势。因此，研究 FDI 和出口产业结构相互影响必须考虑知识产权保护制度变化的重要作用。但现有研究更多停留 FDI 与出口的规模层面，且以一国知识产权保护强度变化对 FDI 与出口的单向影响为主。如 Mankusen（2001）、Maskus（1995）和 Smith（2001）通过研究都认为加强知识产权保护可以改善本国投资环境从而吸引更多 FDI 并增加出口。国内学者通过构建包含 FDI、技术许可和出口贸易的策略模型分析了知识产权保护强度对吸引 FDI 和出口贸易的影响，得出提供适当的知识产权保护政策可以吸引更多的 FDI 并刺激相应的出口贸易，但目前南方国家知识产权保护的力度处于刚刚吸引 FDI 的程度上，任何加强知识产权的措施都将提高南方国家国内企业的生产成本并牺牲消费者福利，原因是当本土企业的模仿创新由于知识产权保护的加强而减少时，跨国公司更愿意选择技术许可的方式，从而减少跨国直接投资量。但也有学者检验证明虽然我国知识产权保护的立法水平已经接近发达国家，然而执法水平远远滞后，不仅约束了外资企业研发活动，也削弱了我国对国外 FDI 技术一处的吸收水平，影响了外资技术溢出对我国出口产品质量提升的贡献。因此，当前我国应改善知识产权保护意识，细化执法机构的执行职能，以期强化知识产权执法力度。

综上所述，现有研究虽然对 FDI、知识产权保护和出口产业结构的单向关系展开了较为系统的研究，但缺乏对三者相互关系的分析。事实上，FDI、知识产权保护和出口产业结构调整之间不仅仅具有单向关系，而且具有双向关系，它们之间相互影响构成一个循环系统。为此，本书通过构建联立方程和 VAR 模型，对 FDI、知识产权保护和出口产业结构调整之间相互影响的效应、过程及程度进行研究。

本章通过构建联立方程，并利用 VAR 模型，对我国外商直接投资、知识产权保护和出口产业结构之间的相互关系进行实证研究，结果表明：出口产业结构优化不利于我国吸引外商直接投资，但外商直接投资有利于我国出口产业结构的优化；加强知识产权保护有利于我国出口产业结构优化和外商直接投资流入，同时出口产业结构优化和外商直接投资流入也促进了我国知识产权保护水平的提高。为此，政府应坚持运用差异化的引资优惠政策引导 FDI 在产业间的合理分布，同时重视制定合理知识产权保护法，避免对出口产业的过度干预，在市场机制作用下实现出口产业结构优化。

第一节　模型构建及变量说明

为将 FDI、知识产权保护力度和出口产业结构三者之间的关系分析纳入统一的框架，本书构建了以三者相互影响效应的联立方程。同时，考虑到模型的稳定性和解释力情况，本书还加入在以往研究中被广泛使用的经济变量作为工具变量，主要有技术吸收能力、R&D 存量、进口产业结构、人均 GDP 等相关指标。

本书的模型设定如下：

$$EX\_STR_t = \alpha_0 + \alpha_1 IPR_t + \alpha_2 FDI_t + \gamma_1 x_t + \sigma_{1t} \tag{7-1}$$

$$IPR_t = \beta_0 + \beta_1 FDI_t + \beta_2 EX\_STR_t + \gamma_2 x_t + \sigma_{2t} \tag{7-2}$$

$$FDI_t = \eta_0 + \eta_1 IPR_t + \eta_2 EX\_STR_t + \eta_3 x_t + \sigma_{3t} \tag{7-3}$$

其中，x_t 为控制变量，其他各变量定义及说明如下：

（一）*FDI* 表示外商直接投资的对数值

以 1990 年价格进行折算，用以度量外商直接投资的变化是否会引致我国知识产权保护力度的加强和出口产业结构的调整。

（二）*IPR*

加入世界贸易组织以来，我国知识产权保护力度不断加强，但国内外学者对知识产权保护是否会增加外商直接投资以及优化我国出口产业结构的结果一直存在争议，因此本书引入改变量来检验知识产权保护对吸引 FDI 和出口产业结构调整的影响。

（三）EX_STR 表示资本密集型产品的出口额占总出口额比重

本书借鉴贾杉、甘子夏（2009）的研究方法，将 SITC1，35，5，62，67，68，7，87，88 编码下的出口产品作为资本密集型产品，用资本密集型产品的出口额占总出口额比重作为衡量一国出口产品优劣的指标，该比重低说明我国出口产品结构较劣，反之则较优。

（四）TE 表示大专以上学历人数占总人口比例

该比例用来衡量一个国家的技术吸收能力，加入改变量的原因是技术吸收能力是一国技术提高的主要源泉之一，同时也会导致资源使用效率的变化，从而引致出口产业结构变化。

（五）P 表示研发资本存量的对数值，用来衡量技术研发投入及技术转移吸引力

对于研发投入资本存量，可借用永续盘存法来计算，公式为：

$$P_t = (1-\sigma)P_{t-1} + S_t \tag{7-4}$$

Pt 和 $Pt-1$ 代表当期和上一期的研发存量，St 为不变价格的研发支出。资本存量初始值和平均资本折旧率 σ 这两个值需进行合理假设：第一，研发资本存量以 1980 年我国研发指出水平的两倍为初始值代入式（7-1）计算得到，对这一比例假设的解释是，这一份额近似于资本产出系数，由于中国经济并非资本密集型的，资本产出系数为 0.5 并非不合理；第二，平均资本存量折旧率取值 9.6%。引入该指标用于考察研发投入对出口产业结构变化的作用。

（六）IM_STR 表示进口产业结构

该指标用资本密集型产品的进口额占总进口比例衡量。加入该变量的原因是进口是一国技术进步的主要源泉之一，同时会导致东道国知识产权保护水平的变化，从而导致东道国出口产业机构改变。

（七）P_GDP 为人均 GDP 的对数值

以 1990 年价格进行折算，用以考察一国经济增长是否会吸引更多的外商直接投资，改变东道国的知识产权保护力度以及优化出口产业结构。

此外，为了研究 FDI、知识产权保护力度和出口产业结构三者之间相互影响的过程和程度，本书引入 VAR 模型的脉冲响应函数和预测方差分解方法进行深入分析。

本书样本选取 1999—2020 年期间的时间序列数据，各变量数据均由历年《中国统计年鉴》和《中国科技统计年鉴》整理而得，各变量的统计描述如下表 7.1 所示：

表 7.1　各变量统计描述

	TE	*PGDP*	*P*	*IPR*	*IM*	*FDI*	*EX*
均值	0.012	8.355	7.913	0.006	0.227	5.335	0.356
中位值	0.008	8.273	7.719	0.006	0.235	5.413	0.333
最大值	0.033	9.402	9.288	0.009	0.313	6.056	0.531
最小值	0.003	7.405	6.693	0.004	0.106	3.551	0.187
标准差	0.009	0.595	0.716	0.002	0.069	0.639	0.126
观察值	22	22	22	22	22	22	22

资料来源：中经数据库及《中国统计年鉴》整理而成，计算结果由 Eviews 8.0 得出。

第二节　知识产权保护、外商直接投资与出口产业结构调整相互影响的实证检验与结果分析

一、联立方程模型分析

为检验联立方程的独立性，需进行 Hausman 检验，通过检验，三个模型之间存在联立性，因此可以对上述方程组采用二阶段最小二乘法（2SLS）。

运用二阶段最小二乘法，本书对影响我国出口产业结构的因素进行分析，由于外商直接投资 *FDI* 和知识产权保护力度 *IPR* 之间存在高度相关性，因此需要独立回归，结果见下表 7.2：

表 **7.2**　EX _ STRG 实证结果（**2**SLS）

变量名称	变量符号	MODEL 1	MODEL 2	MODEL 3	MODEL 4
截距项	*C*	1.12	−0.34	1.06	−2.34
外商直接投资	*FDI*	—	0.69**	—	0.42*
知识产权保护力度	*IPR*	3.25**	—	2.15**	—
技术吸收能力	*TE*	—	—	6.03*	4.71*
R&D 存量	*P*	—	—	−1.02	−1.26
进口产业结构	*IM _ STR*	—	—	0.75*	0.38**
人均 GDP	*PGDP*	—	—	−1.09	0.83
R^2		0.82	0.79	0.91	0.88
调整后的 R^2		0.76	0.71	0.85	0.81
DW		88.65	30.86	77.80	101.20
F 统计量		1.12	−0.34	1.06	−2.34

注：***，**，*分别表示各变量系数在 1%，5%，10%的显著性水平下显著，计算结果由 Eviews 8.0 得出。

从表 7.2 可以看出，在前两个模型中，我国知识产权保护力度和外商直接投资对出口产业结构指标影响显著，且显著为正。当其他条件不变的情况下，当我国知识产权保护力度和外商直接投资增加，资本密集型产品的出口占我国总出口比例将分别提高。通过研究表明：(1) 提高知识产权保护力度有利于我国出口产业结构的优化，这是因为加强知识产权保护力度会促进企业加强技术研发，从而提高具有自主知识产权产品的生产和出口，因而优化出口产品结构。(2) 近年来我国外商直接投资也有利于我国出口产业结构优化，外商直接投资会增加资本密集型产品占我国总出口的比重。产生这个结果的原因主要是：近年来我国调整了引进外资的结构，我国吸引外资不再是单单追求数量增长，而是更加注重外商直接投资的质量，从而改变了以往外资过度集中在我国简单依靠廉价劳动力的加工贸易领域状况，在制造业内部产生结构调整，增加了资本密集型产品的出口比重。

在表 7.2 的模型 1 和模型 2 中分别加入控制变量进行回归，剔除不显著变量，结果显示（见模型 3 和模型 4），整个模型是显著性的，而且自变量我国外商直接投资和知识产权保护力度对因变量出口产业结构的优化仍具有显著作用，这也验证了模型的稳定性，但是各自对出口产业结构的促进效应都减少了。这表明：（1）技术吸收能力、研发存量、进口产业结构以及人均 GDP 这些控制变量与外商直接投资和知识产权保护力度存在一定的相关性，另一方面，回归结果显示，技术吸收能力和进口产业结构对出口产业结构的影响系数显著为正，说明技术吸收能力的提高有利于出口结构的优化，并且提高进口产品的技术含量也可以间接促进我国出口结构的优化。

表 7.3 为其他应变量对知识产权保护力度的影响结果，由于外商直接投资和出口产业结构两个变量高度相关，因此也需要单独回归，从表 7.3 的模型 1 和模型 2 的回归结果可看出，外商直接投资和出口产业结构对知识产权保护力度的影响高度显著，且均显著为正。随着我国对外开放的深化，一些低技术制造业的外商直接投资项目转向了劳动力更为低廉的发展中国家，我国的外资质量不断优化，由于知识产权保护对技术密集度较高企业的敏感度较高，因而我国要鼓励高科技外资的流入就必须提高知识产权的保护力度。随着我国出口结构的优化，本土企业的自主研发和自主创新能力不断加强，促进国家不断加强知识产权保护力度来保护企业的创新成果。

加入控制变量后我国出口产业结构变量对知识产权保护力度的影响仍然显著为正，但外商直接投资变量对知识产权保护力度的影响不显著，这说明外商直接投资和其他控制变量之间存在较大相关性。在控制变量中，只有研发存量对知识产权保护力度的影响显著为正，其他变量均不显著，说明研发投入可以通过提高我国自主创新能力而促进我国政府加强知识产权保护力度。

表 **7.3** *IPR* 实证结果（**2SLS**）

变量名称	变量符号	MODEL 1	MODEL 2	MODEL 3	MODEL 4
截距项	*C*	−0.03	0.02	−0.011	0.016
外商直接投资	*FDI*	0.031**	—	0.016	—
出口产业结构	*EX_STR*	—	0.062**	—	0.047**
技术吸收能力	*TE*	—	—	−0.23	0.036
R&D 存量	*P*	—	—	0.018***	0.015**
进口产业结构	*IM_STR*	—	—	0.023	0.019
人均 GDP	*PGDP*	—	—	0.16	0.23
R^2		0.657	0.709	0.878	0.931
DW		0.611	0.644	0.815	0.882
F 统计量		20.265	77.54	36.65	33.34

注：***，**，*分别表示各变量系数在 1%，5%，10%的显著性水平下显著，计算结果由 Eviews 8.0 得出。

表 7.4 为其他变量对外商直接投资的回归结果，从此表可看出，在不受其他变量的影响下，知识产权保护力度的加强显著促进了我国吸引外商直接投资，但出口产业结构的优化却不利于我国引进外商直接投资。原因是知识产权力度的加强将吸引更多跨国公司到我国投资，尤其是高技术的外资，而出口结构的优化表明依靠廉价劳动力的加工贸易比例不断下降，从而使得很多加工贸易型外资流向劳动力更为低廉的发展中国家，这也和我国当前的现实情况相符。加入控制变量后，出口产业结构变量对我国外商直接投资的影响仍显著为负，但知识产权保护力度的影响不显著，这说明知识产权保护力度与其他自变量存在高度相关性。控制变量中，技术吸收能力的增强不利于我国吸引外商直接投资，原因可能是大部分外商投资企业不愿意自身的技术被模仿，从而减少对东道国的投入；进口产业结构优化也不利于我国吸引外商直接投资，进口高技术产品会取代部分外资企业在东道国的生产，从而抑制外商直接投资；而经济增长会促进我国外商直接投资，经济增长会提高居民收入水平，从而增加对高质量产品的需求，进而促进跨国企业在我国的直接投资。

表 7.4　FDI 实证结果（2SLS）

变量名称	变量符号	MODEL 1	MODEL 2	MODEL 3	MODEL 4
截距项	*C*	2.76	4.09	−10.19	−8.93
知识产权保护力度	*IPR*	—	1.07***	—	0.98**
出口产业结构	*EX _ STR*	−0.24**	—	−1.46**	—
技术吸收能力	*TE*	—	—	−2.136*	−1.994**
R&D 存量	*P*	—	—	0.067	0.054
进口产业结构	*IM _ STR*	—	—	−1.091***	−1.003**
人均 GDP	*PGDP*	—	—	4.392**	3.543**
R^2		0.605	0.487	1.003	0.961
调整后的 R^2		0.583	0.454	0.981	0.84
F 统计量		26.367	18.901	50.261	35.27

注：***，**，*分别表示各变量系数在 1%，5%，10%的显著性水平下显著，计算结果由 Eviews 8.0 得出。

二、向量自回归模型（VAR）分析

上述联系方程只能反映各变量的相互影响效应，不能反映各变量的相互影响过程及影响程度，为此本书引进 VAR 模型进行深入分析。

由于 VAR 模型要求时间序列数据平稳，因此首先对各变量的数据进行平稳性检验，ADF 检验结果显示，各变量的水平数据都是不平稳的，但一阶差分在 5%的显著性水平线都平稳（见表 7.5）。脉冲响应函数要求选择合适的之后阶数，本书使用 LR 统计量，AIC 信息准则，SC 信息准则、最终预测误差 FPE 和 HQ 信息准则等方式最终选定最佳之后阶数为 2 阶（见表 7.6）。

表 7.5　各变量平稳性检验

变量	模型	检验统计量	1%临界值	5%临界值	10%临界值
FDI	(0, 0, 1)	0.724	−2.692	−1.960	−1.607
IPR	(*c*, 0, 1)	−1.048	−3.831	−3.029	−2.655
EX _ STR	(*c*, 0, 1)	−0.168	−3.808	−3.020	−2.650

续表

变量	模型	检验统计量	1%临界值	5%临界值	10%临界值
DFDI	(*c*, t, 1)	−4.687	−4.571	−3.690	−3.286
DIPR	(0, 0, 1)	−3.118	−2.699	−1.961	−1.606
DEX_STR	(0, 0, 1)	−3.022	−3.831	−3.019	−2.655

注：计算结果由 Eviews 8.0 得出，通过 AIC、SC 原则选择滞后期。

表 7.6　滞后阶数的选择

Lag	logL	LR	AIC	SC	HQ	FPE
0	134.474	NA	1.96e−10	−13.839	−13.690	−13.814
1	194.060	94.083	9.73e−13	−19.164	−18.567	−19.063
2	225.794	40.084*	9.72e−14*	−21.557*	−20.512 *	−21.380*

注：计算结果由 Eviews 8.0 得出

图 7.1 是滞后 2 阶的脉冲响应函数反应图，通过反应图可以看出：

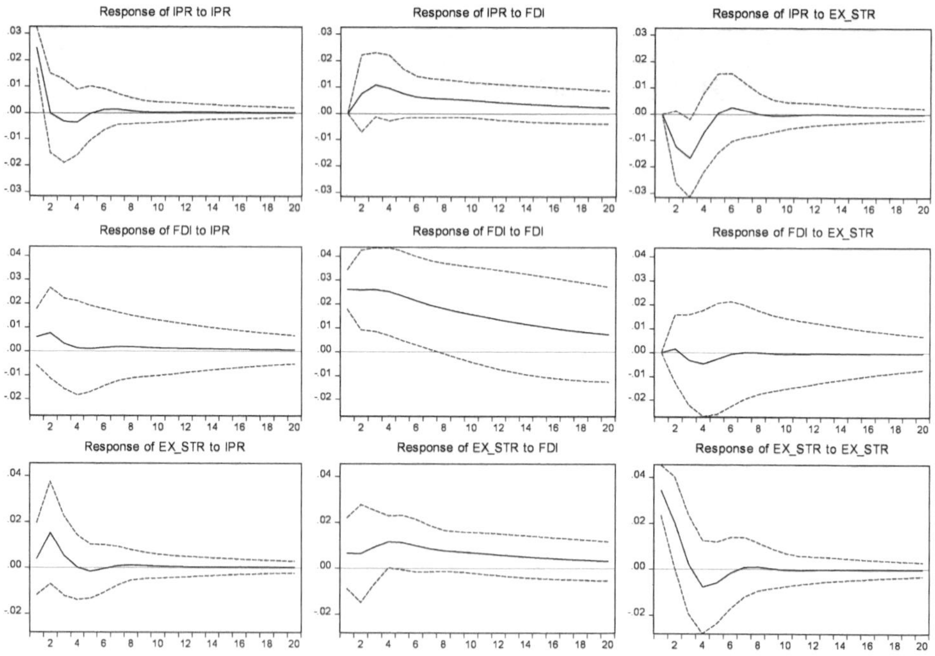

图 7.1　滞后 2 期 VAR (4) 模型脉冲响应函数

注：脉冲响应图由 Eviews 8.0 得出。

（1）FDI 对出口产业结构的冲击影响开始逐渐增大，但在滞后第 4 期开始下降，随后从滞后第 7 期开始上升，从第 9 期开始冲击又缓慢减小，这种冲击带有一定的起伏性；而出口产业结构对外商直接投资的冲击起伏较大，刚开始冲击逐渐减小并在滞后第 3 期时冲击降到最低，随后转为正向冲击并迅速增大，但在滞后第 8 期开始冲击逐渐减小；

（2）外商直接投资对知识产权保护刚开始为正向冲击，但在滞后第 3 期，转为负向冲击，第 6 期又转为正向冲击，随后冲击逐渐加大，并在滞后第 8 期后趋于平稳，第 12 期后冲击开始缓慢下降。知识产权保护对外商直接投资刚开始为负向冲击，在滞后第 4 期后转为正向冲击并且此后冲击不断增强，直到滞后第 6 期后冲击开始减小。

（3）知识产权保护力度对出口产业结构的冲击先增后降，但始终表现为正向冲击，滞后前 3 期时冲击增速较快，第 4 期后冲击开始逐渐较小；出口产业结构对知识产权保护力度的冲击同样始终为正，冲击在前 3 期逐渐增强后开始转为下降，并从第 11 期开始保持平稳，16 期开始冲击又缓慢下降。

为了研究各变量相互影响的程度，需要对各因素进行方差分解（表 7.7）：

（1）知识产权保护力度对出口产业结构的影响从滞后第 2 期开始又显著影响，随后影响逐渐增强，在滞后第 5 期达到峰值，从滞后第 6 期开始知识产权保护力度对出口产业结构的影响开始递减。出口产业结构对知识产权保护力度的影响刚开始就呈现强正向效应，但从滞后第 2 期起开始减弱，随后从滞后第 4 期起逐渐增强。总体来讲，出口产业结构对知识产权保护力度的效应大于知识产权保护力度对出口产业结构的效应。

（2）外商直接投资对出口产业结构的影响刚开始就具有效应，并随着时间的变化一直增强，但总体讲影响效应偏弱。出口产业结构对外商直接投资的影响具有滞后性，从滞后第 4 期开始产生影响，随后一直增强。总体看出口产业结构对外商直接投资的效应大于外商直接投资对出口产业结构的效应。

（3）外商直接投资对知识产权保护力度的影响刚开始就具有较强效应，但这种效应随后缓慢递减。知识产权保护力度对外商直接投资的影响具有滞后性，大约从滞后第 4 期开始有显著影响，随后一直增强，但知识产权保护力度对外商直接投资的效应大于外商直接投资对知识产权保护力度的效应。

表 7.7 VAR 模型预测方差分解

时期	EX _ STR		IPR		FDI	
	IPR	IPR	FDI	EX _ STR	FDI	EX _ STR
1	0.000	0.097	9.548	31.733	0.000	0.000
2	11.487	0.534	5.839	31.903	0.003	0.544
3	26.873	1.421	5.869	30.815	3.117	2.338
4	34.387	2.285	12.262	29.453	12.811	14.487
5	35.409	2.827	20.406	28.288	22.545	28.578
6	33.604	3.087	26.284	27.432	28.983	37.655
7	31.397	3.203	29.706	26.832	32.888	42.891
8	29.745	3.273	31.671	26.408	35.586	46.105
9	28.744	3.334	33.050	26.098	37.815	48.246
10	28.177	3.390	34.293	25.867	39.794	49.751
11	27.814	3.440	35.499	25.690	41.535	50.841
12	27.517	3.481	36.615	25.554	43.027	51.645
13	27.241	3.513	37.581	25.449	44.291	52.247
14	26.989	3.539	38.386	25.367	45.370	52.705
15	26.771	3.562	39.058	25.302	46.303	53.057
16	26.590	3.581	39.629	25.252	47.121	53.331
17	26.440	3.598	40.129	25.211	47.841	53.545
18	26.315	3.613	40.572	25.179	48.479	53.714
19	26.207	3.625	40.966	25.153	49.043	53.847
20	26.112	3.637	41.315	25.133	49.545	53.953

注：计算结果由 Eviews 8.0 得出。

第三节　本章小结

基于以上实证研究，本书得出的主要结论为：

（1）我国外商直接投资、知识产权保护、出口产业结构三者相互影响效应：外商直接投资和知识产权保护对我国出口产业结构都具有显著正影响；外商直接投资和出口产业结构同样促进了我国知识产权保护；提高知识产权保护强度虽然有利于我国吸引外商直接投资，但现阶段的出口产业结构调整不利于我国吸收外商直接投资。

（2）我国外商直接投资、知识产权保护、出口产业结构三者相互影响过程：外商直接投资对出口产业结构的正向冲击具有弱周期性，而出口产业结构对外商直接投资的负向冲击则呈现倒“U”型曲线特征；知识产权保护和出口产业结构的相互影响的正向冲击均呈现先增后降的倒“V”型特征；外商直接投资对知识产权保护的冲击呈现不规则的正弦函数曲线特征，相反知识产权保护对外商直接投资冲击表现为负正弦函数曲线特征。

基于此，本书的政策含义可以概括为以下两方面：

第一，我国在吸引外资流入时应注重质量和布局的有机结合，按中国产业结构发展战略，结合出口产业结构优化的现实需要，制定合理的引资政策并引导外资流入目标产业。在出口产业结构调整政策方面，应避免多度干预对外资引进的不利影响，我国欠发达地区仍需要劳动密集型 FDI 来促进经济发展和剩余劳动力的转移，而发达地区则可选择性的选择高质量 FDI 来实现结构升级。

第二，着眼于国家经济可持续发展的战略大局来制定合理的知识产权保护法。知识产权保护水平已成为是国际贸易谈判的焦点问题，在 TRIPS 协定约束下，中国不断完善立法，已达到较高的实施产权名义保护水平，但实际保护强度并不理想，为此，中国要明确加强知识产权实际保护力度的根本目的是促进产业结构升级，鼓励创新，并大力开展知识产权法制宣传教育，加强对知识产权执法人员的培训和培养。

第八章　知识产权保护驱动我国生产性服务业价值链地位提升效应研究

2011年，我国第三产业从业人数占总当年从业总人数比重首次超过第一产业，服务业占GDP的比重达到53.3%，我国服务业发展实力日益增强，已成为国民经济第一大产业，在就业等方面发挥“稳定器”作用。而作为支撑和壮大实体经济的引擎，生产性服务业对于推动我国经济高质量发展而言显得愈发重要。

目前，我国传统生产性服务业占比较高，在全球价值链分工体系中处于相对低端水平，导致获取的分工利益有限，且抗风险能力也较弱，为此，我国亟须向全球价值链分工的中高端环节迈进。我国“十四五”规划也明确指出了这一点：要推动生产性服务业价值链地位不断向中高端延伸，促进我国产业由生产制造型加速转变为生产服务型。与此同时，在全球价值链分工的背景下，知识产权保护作为一种隐性政策壁垒日益受到国际组织、各国政府和学术界的普遍关注。进入新经济时代，中国经济正处于由“中国制造”转型到“中国智造、中国创造”的关键时期，培育具有更强竞争力的生产性服务业，必须依靠创新驱动。习近平总书记多次在会议中强调知识产权保护在推动我国经济高质量发展中的显著作用。因此，我国生产性服务业价值链地位朝着中高端延伸的进程中，离不开知识产权的保驾护航。鉴于此，研究知识产权保护对我国生产性服务业价值链地位的影响具有十分重要的现实意义。

本章接下来的安排如下：首先，对知识产权保护和生产性服务业的现状进行简要分析；其次，实证分析知识产权保护对我国生产性服务业价值链地位的影响；最后，根据实证检验的结果得出研究结论，并提出相应的政策建议。

第一节 知识产权保护和生产性服务业现状分析

一、知识产权保护现状分析

20世纪90年代初以来，国际分工格局出现重大转型，全球价值链分工成为经济全球化新的竞争点。随着全球价值链发挥的作用加强，知识产权对全球价值链的影响越发显著，加强知识产权保护是提高国家经济竞争力最大的激励。

进入21世纪后，制造业技术进步速度远高于研发行业与服务业。这也意味着，资本和劳动力开始由制造业转向研发行业与服务业，这与我国专利应用的八大领域——高技术服务业，航空航天技术，生物与新医药技术，新材料技术，新能源及节能技术，资源与环境技术，电子信息技术和高新技术改造传统产业的相关性很强。

目前，学术界普遍认为一国的专利申请量和授权量是该国知识产权保护的代表性衡量指标，因此本书采用专利申请授权量、专利申请受理量以及两者之间的比值对我国的知识产权保护发展的程度进行分析说明。

由表8.1的数据可知，我国的专利申请量和授权量每年都在大幅地增加。专利申请受理量从2001年203 573件到2020年5 016 030件，历时二十年的时间，增长23.64倍。与此同时，我国专利申请授权量从2001年的114 251件到2020年的3 520 901件，增加29.82倍。

表**8.1** **2001—2020**年国内专利申请受理量和授权量

年份	专利申请授权量	专利申请受理量	授权量/受理量
2001	114 251	203 573	0.56
2002	132 399	252 631	0.52
2003	182 226	308 487	0.59

续表

年份	专利申请授权量	专利申请受理量	授权量/受理量
2004	190 238	3538 07	0.54
2005	214 003	476 264	0.45
2006	268 002	573178	0.47
2007	351 782	693917	0.51
2008	411 982	828 328	0.50
2009	581 992	976 686	0.60
2010	719 408	1 083 997	0.66
2011	883 861	1 504 670	0.59
2012	1 163 226	1 912 151	0.61
2013	1 210 200	2 209 600	0.55
2014	1 191 600	2 186 500	0.54
2015	1 578 200	2 616 700	0.60
2016	1 611 900	3 281 200	0.49
2017	1 705 100	3 513 200	0.49
2018	2 319 209	4 121 475	0.56
2019	2 474 406	4 195 104	0.59
2020	3 520 901	5 016 030	0.70

注：数据来源于国家统计局。

大幅增加的专利申请授权量和专利申请受理量说明我国对知识产权保护的相关工作已经取得了一定的成效，人们的创新意识和维权意识得到了很大的提高。就我国专利申请授权量和专利申请受理量的比值来看，并没有呈现一个较为稳定的增长趋势，综上，这也说明了我国知识产权目前存在的问题是知识产权保护意识较强，但申请的专利质量普遍不高。

从图 8.1 和图 8.2 可知，大幅增加的专利申请受理量和授权量说明我国对知识产权保护的相关工作已经取得了一定的成效，人们的创新意识和维权意识得到了很大的提高。就我国专利授权量与受理量的比值来看，并没有呈现一个较为稳定的增长趋势，综上，这也说明了我国知识产权目前存在的问题是知识产权保护意识较强，但申请的专利质量普遍不高。

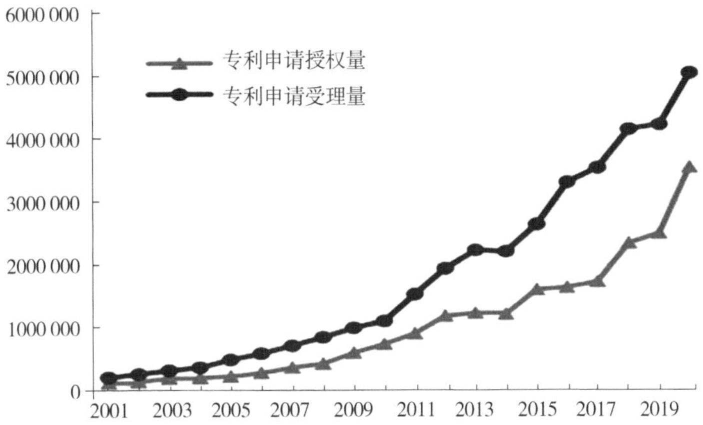

图 8.1　2001—2020 年国内专利授权量

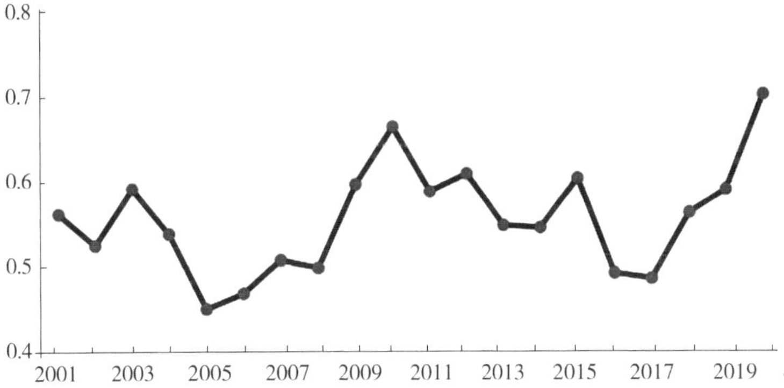

图 8.2　2001—2020 年国内专利授权量占受理量比重

二、生产性服务业现状分析

生产性服务业在支撑和壮大实体经济方面的作用正在不断增强，各国生产性服务业对经济的贡献在国民经济中的比重都呈现增加趋势。

由图 8.3 和图 8.4 可以看出，近 20 年以来，我国三次产业的产业结构有了颠覆性的变化，在 2010 年，第一产业从业人数占比为 37%，第二产业占比为 28%，第三产业占比为 35%，第一产业略微比第三产业所占份额高一些，但在 2011 年时，这一形势彻底扭转，转为第三产业的市场份额略高于第一产业，并且在此后 10 年，第三产业的从业人数占比逐年攀升至 48%，而第一产业的从业人数占比下跌至 24%，中国显然已经从一个重农业型国家转型为重服务业型国家。而我国第二产业就业人数在 2001—2020 年期间几乎处于动态平衡的过程，说明不论我国经济如何发展，工业的重要性从未动摇过。

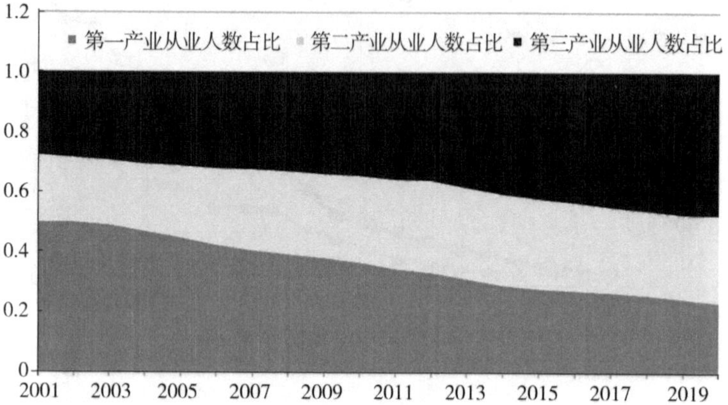

图 8.3　2001—2020 年国内按三次产业分就业人员数

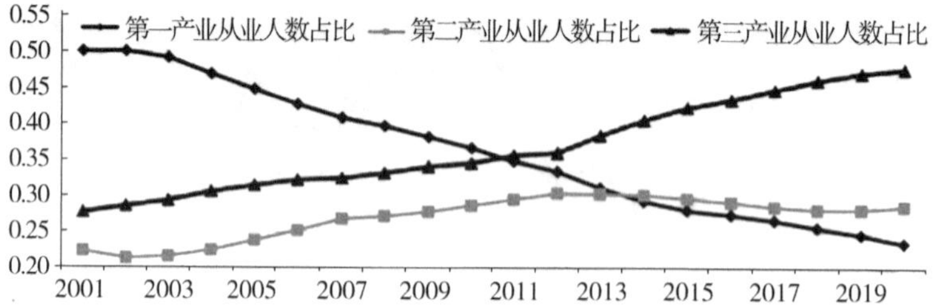

图 8.4　2001—2020 年中国三次产业从业人数占当年从业总人数比重

近年来，我国各级政府高度重视生产性服务业的发展，由图 8.5 表明，我国生产性服务业出口额占服务业出口总额的比重由 2001 年的 43%增加至 2014 年的 73.6%，这与我国在当时面临经济新常态改革的局面息息相关，当时国家为推进产业结构调整和优化升级，选择了依托生产性服务业来促进制造业升级和推动农业现代化，从而迈向产业高端价值链。

但自 2014 后生产性服务业的占比就逐年下滑，说明通过前一阶段的产业转型，生活性服务业如旅游业、房地产业和文化娱乐业得到有效发展。同时，2020 年国家提出的“十四五规划”明确指出了生产性服务业的发展方向和如何推动生产性服务业向专业化和价值链高端延伸，推进服务业数字化。因而如图 8.5 所示，2014—2019 年生产性服务业占比连续五年下降后，2020 年占比又重新上升。

总体来看，我国的生产性服务业呈现较好的发展态势。

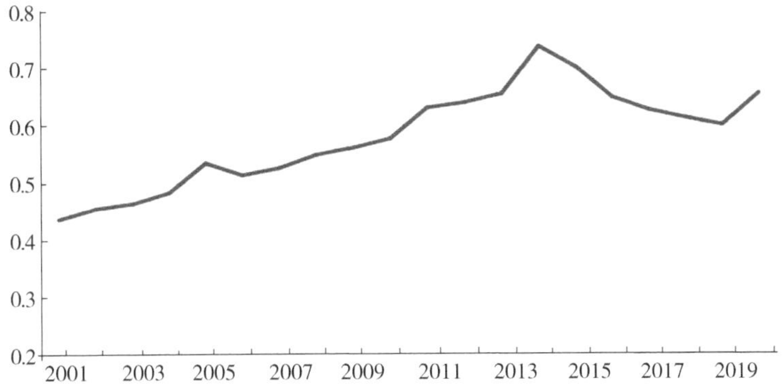

图 8.5　2001—2020 年国内生产性服务业总占比

第二节　知识产权保护对生产性服务业价值链地位的影响实证研究

一、各影响因素对生产性服务业对全球价值链地位的影响机制

（一）国内生产总值

国内生产总值简写为 GDP，是指一国或地区全部的常住单位在一定时期内生产活动的最终成果。通常用于衡量一国或地区经济发展水平。GDP 越高，一国的发展水平和经济状况就越好，则更会注重经济结构的改革，中国的经济结构包括三个主要部分：农业、工业和服务业。其中服务业又分为生产性服务业和生活性服务业。近年来，中国服务业发展的速度非常快，不断壮大和升级。金融、物流和信息技术等行业的发展更加迅速。随着互联网的发展和普及，中国的服务业也经历了一次转型，新兴的互联网金融、在线零售、网络医疗等领域的快速发

展为生产性服务业增长注入了新的动力。政府鼓励生产性服务业发展，推出了多项措施，如鼓励生产性服务业企业的技术创新和管理创新，加强知识产权保护等，为生产性服务业的发展提供了支持和保障。

基于此，做研究假设 H1 如下：

H1：国内生产总值对生产性服务业全球价值链地位具有正向影响。

（二）专利授权量

专利授权量主要反映企业在投入技术研发后的成果转化情况。所以通过专利授权量的数据能更多反映的是企业多年技术研发和专利申请积累的成果转化情况。对于审视企业的创新能力、创新投入和创新成果都具有比较重要的参考意义。

基于此，做研究假设 H2 如下：

H2：专利授权量对生产性服务业全球价值链地位具有正向影响

（三）外商直接投资（FDI）

外商直接投资又被称为国际直接投资，是国与国之间资金往来的一种形式，也是中国目前吸收外资的一种方式。外商直接投资企业可以拉动我国工业企业的增长，同时实现技术外溢。FDI 促进产业结构的调节优化，促进高技术产业技术的进步。

基于此，做研究假设 H3 如下：

H3：外商直接投资对生产性服务业全球价值链地位具有正向影响

（四）全社会研究与试验发展（R&D）经费投入

R&D 经费与其投入的强度分别从总量和比值的角度反映了我国科技投入的总体规模和发展水平。通过比较 R&D 指标，能体现我国科技投入在国际社会中的地位，更好地反映出我国与世界科技强国相比在科技投入方面的差距。

基于此，做研究假设 H4 如下：

H4：全社会研究与试验发展（R&D）经费投入对生产性服务业全球价值链

地位具有正向影响

（五）我国第三产业从业人数

第三产业发挥着推动经济发展强大的拉动作用，是国民经济的一个重要部分。第三产业的发展和兴起是经济发展到现在阶段的必然产物。如今，随着经济结构优化和转型升级，人们不仅仅要求满足基本的生活需求，更多的已经或者偏向非物质方面的需求。而这些需求主要是依靠第三产业的发展来满足。第三产业从业人数的增加可以提高国民收入，从而反哺生产性服务业发展。

基于此，做研究假设 H5 如下：

H5：我国第三产业从业人数对生产性服务业全球价值链地位具有正向影响

二、计量模型设定

根据以往学者韩沈超（2023）、周游（2014）等的相关研究，本书研究生产性服务业价值链地位（Y）受到知识产权保护和生产性服务业出口复杂度等因素的影响，为避免计量结果出现伪回归现象以及根据指数的大小一致性和数据的可用性原则，本书引入五个解释变量，分别是国内生产总值（GDP）设为 X_1，我国专利申请授权量设为 X_2，外商直接投资（FDI）设为 X_3，全社会研究与试验发展（R&D）经费投入设为 X_4，我国第三产业从业人数设为 X_5，μ 为随机误差项，构建如下模型：

$$Y = \beta_0 + \beta_1 X_1 + \beta_2 X_2 + \beta_3 X_3 + \beta_4 X_4 + \beta_5 X_5 + \mu \tag{8-1}$$

三、变量说明与数据来源

（一）我国服务业价值链位置测度

随着我国不断优化开放格局，服务业通过对外贸易、直接投资等多种形式积极主动参与到国际服务分工中。随着全球服务价值链的逐步形成和进一步拓展，我国服务业更快更深地融入全球服务价值链中。通过计算和比较出口复杂度指标，可以较为准确地衡量我国融入全球服务价值链中的程度及所处的位置。

在全球价值链的体系下，一国或地区的技术复杂度可以反映出该国或地区在全球价值链中所处的地位。技术复杂度最早是由 Hansman（2005）等提出，故本书借鉴此方法，计算测度技术复杂度指数，衡量我国服务业在全球价值链中的位置及其变化。其具体的计算步骤如下。

首先计算服务业中每一个细分行业的技术复杂度（$INDUY$）：

$$INDUY_K = \sum_j \frac{\left[\frac{x_{jk}}{x_j}\right]}{\sum_j \left[\frac{x_{jk}}{x_j}\right]} Y_j \qquad (8\text{-}2)$$

公式（8-2）中，k 代表服务业中的某一个细分行业，j 代表某一个国家或地区，X_j 代表某一个国家总的服务业的出口额，X_{jk}/X_j 表示某一个国家服务业 k 行业的出口额占总的出口额的比重，Y_j 为国家 j 的人均 GDP。

因此，该公式表明某一行业的技术复杂度为该行业各出口国在该行业出口方面的显示性比较优势的加权平均，权重为各国人均 GDP。

通过该公式，笔者对原始数据进行处理，得出以下结果，如表 8.2 所示。

表 **8.2** 世界生产性服务业技术复杂度

年份	交通	建筑服务	保险服务	金融服务	计算机和信息服务	版税和许可费	其他商业服务
2001	17 289	12 598	18 892	18 785	15 692	26 914	19 692
2002	18 763	13 263	23 082	18 710	16 245	27 100	20 578
2003	19 351	14 835	26 679	22 149	18 926	29 248	23 745
2004	20 127	15 239	28 535	25 449	21 803	30 815	25 338
2005	22 584	16 174	26 181	27 063	22 816	31 282	27 284
2006	24 475	17 296	30 629	27 734	23 739	32 846	28 400
2007	25 139	19 357	31 141	29 027	26 209	34 912	30 900
2008	26 782	20 826	31 979	31 437	29 126	36 681	31 903
2009	27 833	21 734	28 913	27 468	24 895	35 219	29 566
2010	29 996	22 830	30 944	34 671	29 831	36 326	29 788
2011	31 086	23 790	30 723	37 528	30 638	37 531	30 187

续表

年份	交通	建筑服务	保险服务	金融服务	计算机和信息服务	版税和许可费	其他商业服务
2012	31 207	26 296	28 366	36 472	30 176	38 409	30 999
2013	32 666	27 791	29 919	37 755	31 660	40 047	31 800
2014	33 254	25 937	29 804	37 491	31 406	40 506	31 314
2015	32 705	25 439	28 369	39 270	31 119	41 355	32 301
2016	34 839	27 888	33 699	40 677	32 332	42 399	34 804
2017	36 133	30 765	34 905	41 925	34 068	42 040	36 276
2018	36 803	30 530	36 114	43 477	35 779	42 622	37 593
2019	40 003	33 275	39 497	44 657	40 820	105 815	34 966
2020	33 992	26 282	40 826	44 054	36 413	43 083	38 415

注：根据 UN COMTRADE 数据库计算得出。

（二）数据来源

本书分析所使用的样本取自 2001—2020 年的年度数据，数据来自国家统计局和 UN COMTRADE，文中将世界生产性服务业技术复杂度设为 Y，国内生产总值（GDP）设为 X_1，我国专利申请授权量设为 X_2，外商直接投资（FDI）设为 X_3，全社会研究与试验发展（R&D）经费投入设为 X_4，我国第三产业从业人数设为 X_5，描述性统计结果如表 8.3 所示。

表 8.3　描述性统计结果

变量符号	变量含义	样本数	均值	标准误差	最大值	最小值
Y	世界生产性服务业技术复杂度	20	218 589	6 863	276 473	165 882
X_2	专利申请授权量	20	1 041 244	203 696	3 520 901	114 251
X_4	全社会研究与试验发展经费	20	9 277	1 591	23 798	1 036
X_1	国内生产总值	20	35 174	4519	70 076	8 656
X_3	外商直接投资	20	959	70	1 408	466
X_5	第三产业从业人数	20	27 761	1 118	35 806	20 165

由于各变量所衡量的指标受价格因素影响，因此，为了使数据具有可比性，需消除 X_1、X_3、X_4 三组数据的价格因素。本书以 1978 年居民消费指数为基期进行价格处理，最终各变量的趋势图如图 8.6 所示。

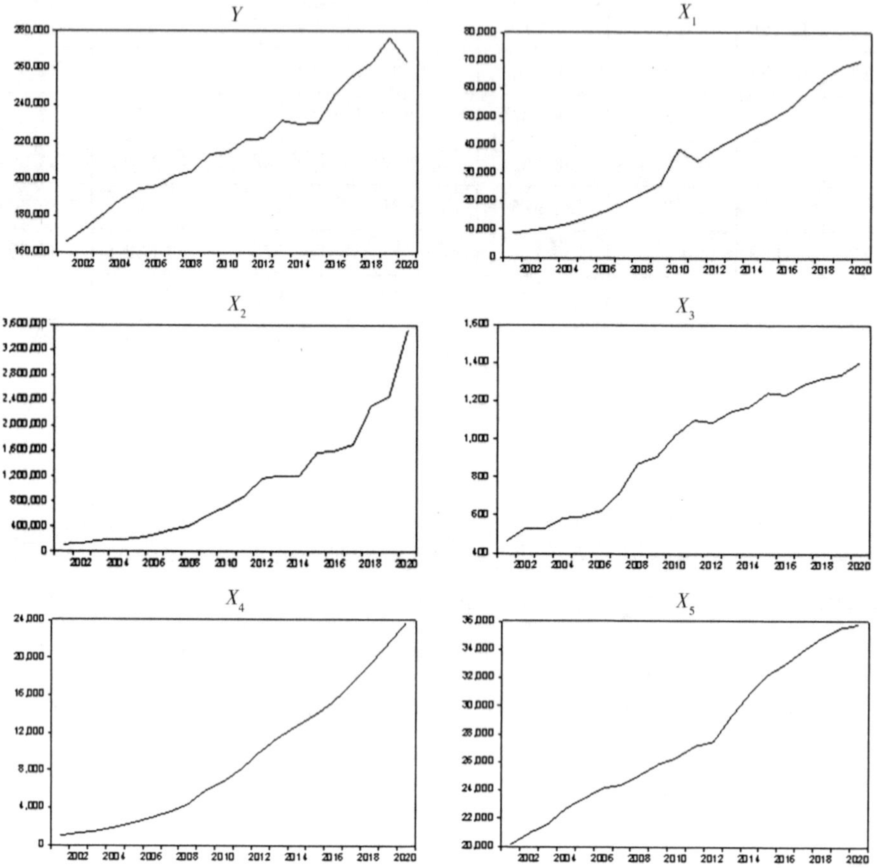

图 8.6　变量趋势图

注：上图由 Eviews 8.0 处理。

在时间序列中，不平稳是很常见的。所以对时间序列进行分析需要先检验其平稳性，如果不平稳，就会产生伪回归问题，使模型无法真实地反映解释变量与被解释变量之间的关系。为避免这种情况，应该对数据首先进行单位根检验，其次进行协整检验、Granger 因果关系检验等来研究我国服务业价值链位置与国内生产总值（GDP），我国专利申请授权量，外商直接投资（FDI），全社会研究与试验发展（R&D）经费投入和我国第三产业从业人数之间的关系，这样能有效地避免数据的伪回归问题。

四、实证结果分析

（一）单位根检验——ADF 检验

首先分析 Y、X_1、X_2、X_3、X_4、X_5 及其一阶差分的平稳性，结果如表 8.4 所示。

表 8.4　单位根检验结果

变量	检验形式	ADF 检验统计值	5%临界值	结论
Y	（C，N，1）	−4.604	−3.040	平稳
X_1	（C，N，1）	−5.877	−3.040	平稳
X_2	（C，N，2）	−5.021	−3.066	平稳
X_3	（C，N，1）	−4.272	−3.040	平稳
X_4	（C，N，2）	−4.962	−3.052	平稳
X_5	（C，N，2）	−5.883	−3.052	平稳

注：上表计算中检验形式（C，T，K）分别表示单位根检验方程包含常数项，时间趋势项和滞后阶数，N 表示不包含常数项或趋势项。数据由 Eviews 8.0 处理得出。

单位根检验的结果在表中给出，从表中可以看出 Y、X_1、X_2、X_3、X_4、X_5 六组数据差分后等形式所进行的 ADF 单位根检验的结果。

由表可知，变量 Y、X_1、X_3 的一阶差分的 5%临界值均小于 ADF 检验统计值，变量 X_2、X_4、X_5 的二阶差分的 5%临界值均小于 ADF 检验统计量，说明在 5%显著性水平下拒绝了原有单位根的假设，因此上述差分变量均平稳。

（二）协整检验

协整关系指的是非平稳经济变量之间存在的长期稳定的关系。由其定义可知，协整检验是以单位根检验为基础的。由上述已知，Y、X_1、X_2、X_3、X_4、X_5 六个变量的差分形式均已通过平稳性检验。

利用 Eviews 8.0 对以上变量者进行协整检验可得表 8.5 的结果：

表 **8.5** 协整检验结果

原假设	特征值	迹检验统计量	5%临界值	P 值
没有*	1.000	286.567	83.937	0.000
至少一个*	0.968	115.022	60.061	0.000
至少两个*	0.819	52.965	40.175	0.002
至少三个	0.549	22.159	24.276	0.090
至少四个	0.325	7.819	12.321	0.251
至少五个	0.040	0.739	4.130	0.448

从表可以看出：前三个迹检验统计量都大于 5%水平下的临界值，说明 Y、X_1、X_2、X_3、X_4、X_5 之间存在着 2 个协整关系，本书只考虑标准化后总的协整关系，结果如表 8.6 所示。

表 **8.6** 标准化协整关系

Y	X_1	X_2	X_3	X_4	X_5
1.000000	−13.671	−0.183	−346.328	−47.412	−11.834
	(0.051)	(0.001)	(1.511)	(0.141)	(0.023)

注：括号里的数字表示标准误差。

将总的协整关系写成数学表达式，得到：

$$ECM = Y - 13.67X_1 - 0.18X_2 - 346.33X_3 - 47.41X_4 - 11.83X_5 \qquad (8\text{-}3)$$

所以长期方程可以转化为：

$$Y = 13.67X_1 + 0.18X_2 + 346.33X_3 + 47.41X_4 + 11.83X_5 \qquad (8\text{-}4)$$

由长期方程可看出，我国服务业价值链位置与国内生产总值（GDP），我国专利申请授权量，外商直接投资（FDI），全社会研究与试验发展（R&D）经费投入和我国第三产业从业人数之间存在长期稳定的均衡关系，这也证明以上的变量选择是合适的，具有一定的经济意义。

从长期方程（8-4）可以看出，X_1 的系数为 13.67，即国内生产总值（GDP）每增加 1%，我国服务业价值链位置就上升 13.67%，国内生产总值（GDP）与我国服务业价值链位置呈正相关关系。X_2 的系数为 0.18，即我国专利申请授权量每增加 1%，我国服务业价值链位置就上升 0.18%，我国专利申请授权量与我国服务业价值链位置呈正相关关系。X_3 的系数为 346.33，即外商直接投资（FDI）每增加 1%，我国服务业价值链位置就上升 346.33%，外商直接投资（FDI）与我国服务业价值链位置呈正相关关系。X_4 的系数为 47.41，即全社会研究与试验发展（R&D）经费投入每增加 1%，我国服务业价值链位置就上升 47.41%，全社会研究与试验发展（R&D）经费投入与我国服务业价值链位置呈正相关关系。X_5 的系数为 11.83，即我国第三产业从业人数每增加 1%，我国服务业价值链位置就上升 11.83%，我国第三产业从业人数与我国服务业价值链位置呈正相关关系。

（三）Granger 因果关系检验

由上述协整检验可知，我国服务业价值链位置与国内生产总值（GDP），我国专利申请授权量，外商直接投资（FDI），全社会研究与试验发展（R&D）经费投入和我国第三产业从业人数之间存在长期协整关系，采用格兰杰因果检验方法检验我国服务业价值链位置与国内生产总值（GDP），我国专利申请授权量，外商直接投资（FDI），全社会研究与试验发展（R&D）经费投入和我国第三产业从业人数之间的因果关系，因为还须进一步验证它们之间的协整关系可否构成因果关系，检验结果如表 8.7 所示：

表 8.7 Granger 因果关系检验结果

关系	F 值	显著水平	结论
$X_1 \to Y$	3.997	0.063	存在 Granger 因果关系
$X_2 \to Y$	9.873	0.005	存在 Granger 因果关系
$X_3 \to Y$	3.274	0.089	存在 Granger 因果关系
$X_4 \to Y$	3.874	0.100	存在 Granger 因果关系
$X_5 \to Y$	8.371	0.011	存在 Granger 因果关系

从表可知，我国服务业价值链位置与国内生产总值（GDP），我国专利申请授权量，外商直接投资（FDI），全社会研究与试验发展（R&D）经费投入和我

国第三产业从业人数之间都存在Granger因果关系：国内生产总值（GDP）是我国服务业价值链位置的Granger原因；我国专利申请授权量是我国服务业价值链位置的Granger原因；外商直接投资（FDI）是我国服务业价值链位置的Granger原因；全社会研究与试验发展（R&D）经费投入是我国服务业价值链位置的Granger原因；我国第三产业从业人数是我国服务业价值链位置的Granger原因。

第三节 本章小结

本章借鉴Hansman（2005）的做法，从知识产权保护以及生产性服务业的现状出发，基于OECD组织中的部分国家或地区2001—2020年的年度数据，由公式计算得出世界生产性服务业技术复杂度，并用其衡量测度我国生产性服务业的价值链地位。本章的主要研究结论是：

（1）我国服务业价值链位置与国内生产总值（GDP），专利申请授权量，外商直接投资（FDI），全社会研究与试验发展（R&D）经费投入和我国第三产业从业人数之间存在长期稳定的均衡关系；知识产权保护是影响我国生产性服务业价值链地位的长期原因。

（2）我国专利申请授权量是我国服务业价值链位置的Granger原因，知识产权保护对我国生产性服务业价值链地位具有短期正向冲击作用，提高知识产权保护水平能促进我国生产性服务业价值链地位的提升。

第九章 主要研究结论和政策建议

第一节 主要研究结论

在当前经济增长向新常态转变和推行高质量发展战略的背景下，实现经济增长的新旧动能转换具有重要的现实意义，而面对当前我国产业结构水平不高的现状，推动生产性服务业的高端延伸是实现我国新旧动能主要路径的手段。因此，积极推动我国生产性服务业的高端延伸对于促进现代生产性服务业发展具有重要现实意义。生产性服务业发展都要经历要素禀赋和“瓶颈”制约的阶段，其中升级的“瓶颈”期将不再依赖于劳动与资本的替代弹性，此时要素禀赋的变化对生产性服务业发展的影响甚微，技术创新能成为促进其转型发展的重要因素。在促进生产性服务业企业技术创新的众多因素中，知识产权保护是重要的制度性因素，知识产权保护是以优化创新资源配置、推动产业内技术结构改善为核心，推动生产性服务业内部结构调整，在吸引跨国技术流入，催化产品内分工和促进高端产品精细化生产的基础上，进一步促进其出口结构优化。对于正处于转型期的我国而言，通过完善知识产权保护制度推动生产性服务业创新不仅有利于产业结构的升级和经济发展方式的转型，还关系到通过制度变革的方式释放制度红利的有利尝试。在此背景下从生产性服务业内部结构升级、出口结构优化、全球价值链地位提升等三个方面研究知识产权保护政策对生产性服务业的影响，对以服务为导向，以科技含量为价值增长点的生产性服务业的发展，以及发挥生产性服务业在促进我国平稳进入新常态和高质量发展均具有重要意义。

从学术价值上来看，课题研究了知识产权保护对于生产性服务业高端延伸的影响，丰富了我国的产权保护理论与生产性服务业高端延伸理论，着眼于知识产权保护这一现行创新激励重大改革措施，并分析其对中国生产性服务业升级的影响，构建新的理论视角。从应用价值上来看，知识产权保护是国家创新保护制度改革的重头戏，在此背景下从生产性服务业内部结构升级、出口结构优化和价值链地位提升等三个方面研究知识产权保护政策对生产性服务业的影响，对以服务为导向，以科技含量为价值增长点的生产性服务业的发展，以及发挥生产性服务业在促进我国平稳进入新常态和高质量发展均具有重要意义。从社会影响上来看，本书研究成果产生了一定的社会反响，获得了学术界、政府部门以及企业的高度关注。课题研究成果受到湖南省知识产权局高度关注，在企业方面，走访的一些企业不仅在访谈中积极提供素材、表达观点，还对本书的研究成果密切关注，希望在本项目的研究成果中能充分反映其实际情况。

一、中国知识产权专利申请地位与区域生产性服务业发展概述

本部分的研究基于 1996—2015 年全球 62 国往来专利申请数据，分四个阶段构建了全球知识产权申请完全网络，并从中提取顶层排名网络（Top1 网络），在此基础上探究了全球知识产权申请的社群结构及演化趋势。研究结果表明：

（1）全球知识产权申请活动日益频繁且其完全网络存在明显的“小世界”和“核心—边缘”结构特征。美国、日本及德国、英国、法国等欧洲发达国家在全球知识产权申请完全网络中一直占据中心地位，但中国在网络中的控制力和影响力不断提高。

（2）全球知识产权申请顶层排名网络存在明显的社群结构，但社群的数量在不断减少，且网络中小社群逐渐融汇成大社群。

（3）全球知识产权申请表现出极强的集中性和垄断性，美国、德国和日本对全球知识产权申请顶层排名网络的社群演化有决定性的影响，而以中国为代表的发展中国家则在顶层网络中处于边缘地位，对顶层网络社群结构的影响力有限。

此外，以我国 2003—2021 年省级层面的生产性服务业就业人数为样本，探究了我国区域生产性服务业发展的空间关联关系，并进一步采用复杂网络和 QAP 方法分析了各地区生产性服务业发展的空间关联特征和影响因素。结果发现：

（1）2003—2021 年间中国各省份生产性服务业发展的空间关联网络存在 257 条关系，整体网络关联性和稳定性较强，具有明显的"小世界"和"中心—外围"特征，且西部省份在网络中的"桥梁"作用更明显。

（2）中国地方生产性服务业发展可分为四大板块："双向溢出板块"主要由北京市、四川省、河北省、浙江省等生产性服务业发展较为领先的 11 个省份构成、"经纪人板块"主要由广东省、江西省、安徽省、天津市等生产性服务业发展活力较好的 8 省份构成、"主受益板块"和"净溢出板块"则分别由生产性服务业发展较快的 4 个省份和发展相对落后的 5 个省份构成。

（3）中国生产性服务业发展的空间关联存在"邻里互动""俱乐部集团"和"门当户对"特征，样本期间地理邻接矩阵、制造业集聚水平差异矩阵、人力资本水平差异矩阵、人均国内生产总值差异矩阵和经济开放度差异矩阵可共同解释中国区域生产性服务业发展空间关联关系的 71.3%。

二、知识产权保护激励服务业内部结构优化效应研究

本部分研究运用 1996—2018 年中国大陆地区省级层面服务业结构优化和知识产权保护水平作为样本数据，构建了中国省级服务业内部结构优化和知识产权保护的空间关联网络，并基于复杂网络分析法，实证检验了知识产权保护与服务业内部结构优化空间关联的关系。结果表明：中国各地区服务业内部结构优化与知识产权保护空间关联网络分别存在 107 个和 142 个空间关联渠道，其网络通达性和稳定性较好；东部省份在网络中的中心地位明显，且在网络中起到的"桥梁"作用更大。本书进一步进行 QAP 相关和回归分析发现：知识产权保护以及地理位置邻接对服务业内部结构优化的空间关联和空间溢出有显著的正向影响，知识密集型服务业的增长具有"近水楼台先得月"的效应。该研究结论补充和完善了知识产权保护与产业转型升级理论，为提升我国知识产权保护水平、促进服

务业内部结构优化提供了决策支持。

三、知识产权保护激励生产性服务业出口结构优化的影响效应分析

本部分研究基于我国1993—2018年省级面板数据，测算了区域知识产权保护和生产性服务业出口结构的综合水平，在此基础上实证检验了它们之间相互作用的关系；结果表明，我国生产性服务业出口结构持续优化，知识产权保护水平逐渐提升，外资项目平均规模也有所增加，但三变量协调发展质量总体较低且无明显上升趋势；随着外资项目平均规模的增加，知识产权保护和生产性服务业出口结构对三系统协调发展的边际正效应逐渐减弱；增强知识产权保护力度提升了生产性服务业出口结构优化对系统的正向效应，有利于减缓外资项目平均规模提升对系统耦合的负面效应；此外，生产性服务业出口结构的优化促进了知识产权保护对系统耦合的正效应，但并未有效缓解外商直接投资对系统协调发展产生的负作用。其次，运用2000—2022年经济发展相关数据，测算出生产性服务业出口结构、中国的知识产权保护水平、研究与试验发展经费支出、外商直接投资这四个变量，然后利用Granger因果关系检验和脉冲响应函数分析变量之间的影响关系。结果表明：知识产权保护和外商直接投资不是导致生产性服务业出口结构优化的格兰杰原因，而研究与试验发展经费支出是导致生产性服务业出口结构改善的原因。接着，构建脉冲响应函数分析出知识产权保护和外商直接投资这两个影响因素对生产性服务业出口结构的效应具有双向性的既可以促进结构的优化也能够抑制，但研究与试验发展经费支出对改善生产性服务业出口结构只有促进作用。

四、知识产权保护激励生产性服务业价值链地位提升的影响效应分析

本部分在分析国家知识产权保护和生产性服务业发展现状的基础上，探究了知识产权保护对生产性服务业企业全球价值链升级的激励效果。基于OECD组织中的部分国家或地区2001—2020年的年度数据，测算世界生产性服务业技术复杂度，并用其衡量我国生产性服务业价值链地位。实证检验知识产权保护与我国生产性服务业价值链地位之间的关系。结果发现：知识产权保护是影响我国生

产性服务业价值链地位的长期原因；知识产权保护对我国生产性服务业价值链地位具有短期正向冲击作用；提高知识产权保护水平能促进我国的全球价值链地位的提升。

第二节　知识产权保护驱动生产性服务业高端延伸的路径优化建议

根据上述章节的研究结论，可从以下几方面优化知识产权保护制度以促进生产性服务业向高端延伸。

一、加快专利密集型服务业创新发展

中央应将地方专利密集型服务业发展的空间关联作为制定专利密集型服务业集聚发展政策的重要变量，同时将推动各地区专利密集型服务发展的紧密合作，创造更多空间溢出“途径”作为重要政策目标。

（1）在充分考虑各省（区、市）专利密集型服务业发展差异的基础上，充分发挥专利密集型服务业集聚中心的辐射作用，带动落后地区专利密集型服务业加速发展。

（2）促进区域专利密集型服务业协同发展，探索实现各地区专利密集型服务业均衡发展。我国专利密集型服务业发展的空间关联网络中存在四人板块，应进一步发挥北京市、四川省、河北省、浙江省等“双向溢出板块”的关键引擎作用，促进广东省、江西省、安徽省、天津市等处在“经纪人板块”地区的传导作用，同时应打破专利密集型服务业发展的要素壁垒，从政策层面扶持“主受益和净溢出”板块地区，促进落后地区对发达省份空间溢出的有效吸收。

（3）推动专利密集型服务业发展的合作平台建设。地方专利密集型服务业发展既具有“邻里互动”特征，又表现出制造业集聚水平和经济发展水平的“俱乐部集团”效应，且人力资本水平和经济开放水平相近的地区间空间溢出效果更明显，因此，通过搭建专利密集型服务业发展的合作平台，改善落后省份专利密集

型服务业发展条件，降低各板块地区专利密集型服务业发展的条件差异，对促进中国各地区专利密集型服务业发展的空间溢出意义重大。

二、建立跨区域网络化的知识产权协同保护机制

首先，构建网络化的区域知识产权保护协同治理体系，创新推进地方服务业内部结构优化的协同发展。我国各省份之间知识产权保护和服务业内部结构优化均呈现网络化的影响格局，且网络的连通性和传递性较好，因此，中央和地方政府应将知识产权保护和服务业内部结构优化的空间关联作为制度决策的重要因素，构建地方知识产权保护机关的协商机制，促进各地区在服务业内部结构优化过程中的良性互动，不断提升各地区知识产权保护和知识密集型服务业技术创新的空间溢出效率。

其二，建立跨区域的知识产权保护制度协同治理机构，拓展各地区高端服务业创新保护的协调联动模式。中央应从顶层设计角度出发，探索建立跨区域知识产权保护制度的协同治理机构，领导并系统推进构建跨区域知识产权保护协商机制、开展跨区域知识产权保护制度协同治理试点、打造知识产权保护数据共享平台等工作。各省份服务业内部结构优化具有“近水楼台先得月”的邻里效应，在促进服务业内部结构优化的过程中，应着重加强相邻地区服务业技术技术创新的交流与合作，实施有助于“富邻”的知识产权保护政策。

其三，全力提升服务业知识产权保护强度。一方面，中央和地方政府要强化服务业企业的知识产权意识和创新保护意识，加强知识产权的行政和司法保护，专项打击服务业领域的各种侵权行为；另一方面，政府知识产权管理部门应基于中国服务业市场不断扩大的现状，及时渐进调整知识产权保护强度的标尺，建立服务业知识产权保护的信息平台并及时宣传；此外，服务业企业应发挥创新保护的主体作用，根据自身情况设立企业知识产权管理部门，综合运用国家已出台的专利法、商标法和技术合同法等多项知识产权保护工具，合法保护本企业的知识产权。

三、统筹生产性服务业出口结构和知识产权保护的协调效应

应进一步优化生产性服务业出口结构，促进高层次生产性服务业在中心城市

的集聚发展，统筹生产性服务业出口结构和知识产权保护的协调效应，以生产性服务业出口结构优化推动知识产权保护制度建设，促进我国知识产权水平的提升。

其次，充分利用知识产权保护对创新的激励作用，推动外商直接投资质量的提升和生产性服务业出口结构持续优化。中国部分地区的知识产权保护水平仍低于门槛值，应着力完善这些地区的知识产权保护制度，大力提升实际知识产权保护执法力度，激发市场主体创新活力。国家层面，大力提升知识产权保护保护强度。改善生产性服务业出口结构就是需要扩大高层次生产性服务业出口量，而现代生产性服务业中科技和知识两个要素占的比例大。因此，政府出台知识产权保护措施时，应结合中国企业发展现状和中国科学技术发展水平来推行相关政策，大力提升知识产权保护水平，尤其是知识产权保护的执法水平。

四、推动我国高层次优势生产性服务业知识产权保护

根据国家层面知识产权保护与生产性服务业价值链地位的时序变化特征、理论影响机制及其效应，从战略层面分析我国生产性服务业参与全球服务业价值链分工的总体发展目标和发展路径，并弄清促进我国生产性服务业价值链地位提升的知识产权保护侧重点和主要抓手。知识产权赋能高层次优势生产性服务业创新，通过打造高层次生产性服务业知识产权保护示范发展先行区，推动我国优势生产性服务业高质量发展；

第一，积极参与有关知识产权保护的国际交流与合作，以构建更高层次更高质量的开放型经济为前提，探索适合我国国情的生产性服务业的开放方式和方法，促进知识产权保护等方面法律体系与国际接轨，为我国更高层次的跨国生产性服务贸易协作和发展提供制度保障，促进我国优势生产性服务业全球价值链地位的提升。

第二，提升自主创新水平，补足生产性服务业知识产权保护人才缺失短板。专业性知识产权保护人才对于生产性服务业的发展和全球价值链地位的提升有着十分重要的作用。

参考文献

[1] 习近平. 全面加强知识产权保护工作激发创新活力推动构建新发展格局 [J]. 求是，2021 (3)：4-8.

[2] 蒲岳，吴钢，姚星. 中国在国际创新成果保护网络中的地位及其演化分析 [J]. 科研管理，2017，38 (3)：61-68.

[3] 林卫银，薛德升，谭一洺. 基于上市企业与高级生产性服务业联系的中国城市网络——以创新500强企业IPO为例 [J]. 经济地理，2022 (9)：77-93.

[4] 沈国兵，袁征宇. 互联网化、创新保护与中国企业出口产品质量提升 [J]. 世界经济，2020，43 (11)：127-151.

[5] 唐保庆，邱斌，孙少勤. 中国服务业增长的区域失衡研究——知识产权保护实际强度与最适强度偏离度的视角 [J]. 经济研究，2018 (08)：147-162.

[6] 寇宗来，李三希，邵昱琛. 强化知识产权保护与南北双赢 [J]. 经济研究，2021，56 (9)：56-72.

[7] 代中强，梁俊伟，孙琪. 知识产权保护、经济发展与服务贸易出口技术复杂度 [J]. 财贸经济，2015 (7)：109-112.

[8] 聂长飞，冯苑，张东. 知识产权保护与经济增长质量 [J]. 统计研究，2023 (2)：1-16.

[9] 黄先海，卿陶. 知识产权保护，贸易成本与出口企业创新 [J]. 国际贸易问题，2021 (7)：21-36.

[10] 方杰炜，施炳展. 知识产权保护“双轨制”与企业出口技术复杂度 [J]. 经

济理论与经济管理，2022，42（12）：77-93.

[11] Maskus K E. The Globalization of Intellectual Property Rights and Innovation in Services [J]. Journal of Industry Competition & Trade，2008，8（3）：247-267.

[12] Alarez R，Brao-Ortega C，Zahler A. Innovation and productivity in services：evidence from Chile [J]. Emerging markets finance & trade，2015，51（3）：593-611.

[13] Dong B，Guo Y，Hu X. Intellectual property rights protection and export product quality：Evidence from China [J]. International Review of Economics & Finance，2022，77（1）：143-158.

[14] 唐保庆，韩守习，陈启斐. 知识产权保护制度促进服务业内部结构升级吗? [J]. 现代经济探讨，2018，000（001）：69-79.

[15] Sweet M. C.，Maggio E. S. D.. Do Stronger Intellectual Property Rights Increase Innovation? [J]. World Development，2015，（66）：665-677.

[16] 吴超鹏，唐菂. 知识产权保护执法力度、技术创新与企业绩效——来自中国上市公司的证据 [J]. 经济研究，2016（11）：129-143.

[17] 李士梅，尹希文. 知识产权保护强度对产业结构升级的影响及对策 [J]. 福建师范大学学报：哲学社会科学版，2018，209（02）：6-14.

[18] 屠年松，曹宇芙. 知识产权保护对服务业全球价值链地位的影响研究——基于 OECD 国家面板数据的实证研究 [J]. 软科学，2019，033（006）：37-41，48.

[19] 周荣军. 知识产权保护、FDI 技术溢出对企业创新绩效影响 [J]. 统计与决策，2020，（1）：179-182

[20] 曹薇，董瑶，苗建军. 基于 ERGM 的区域知识产权保护网络形成机制研究 [J]. 软科学，2019（11）：45-52.

[21] 徐清. 知识产权保护强度的空间分布及其决定因素——基于 31 个省（市）面板数据的空间计量研究 [J]. 世界经济研究，2013，000（009）：23-29.

[22] 霍鹏，魏修建. 我国知识密集型服务业空间集聚的实证研究——基于 286

个地级及以上城市的经验证据［J］. 经济问题探索，2019（11）：151-163.

［23］宣烨，陆静，余泳泽. 高铁开通对高端服务业空间集聚的影响［J］. 财贸经济，2019（9）：117-131.

［24］张虎，韩爱华. 中国城市制造业与生产性服务业规模分布的空间特征研究［J］. 数量经济技术经济研究，2018（9）：96-109.

［25］刘建民，欧阳玲，毛军. 财政教育支出的农村减贫效应研究——基于网络空间结构的分析［J］. 财经理论与实践，2018，39（06）：66-70.

［26］周游，谭光荣，孙天阳. 全球跨国专利申请网络的拓扑特征及顶层结构［J］. 科学学与科学技术管理，2018（1）：32-45

［27］蔡玲，申君歌. 地区知识产权保护与中国对"一带一路"沿线国家出口的质量研究［J］. 经济经纬，2018，35（05）：7-14.

［28］郑长云. 中国区域知识产权保护对出口品质结构的影响研究［J］. 现代经济探讨，2019（10）：65-72.

［29］Maskus K. E.. The Globalization of Intellectual Property Rights and Innovation in Services［J］. Journal of Industry Competition & Trade，2008，8（3）：247-267.

［30］李敬，陈澍，万广华，付陈梅. 中国区域经济增长的空间关联及其解释——基于网络分析方法［J］. 经济研究，2014（11）：4-16.

［31］石舍玉. 知识产权保护对知识密集型服务业增长的影响研究［D］. 南京：南京财经大学，2018

［32］段文奇，刘宝全，季建华. 国际贸易网络拓扑结构的演化［J］. 系统工程理论与实践，2008，28（10）：71-75.

［33］程大中. 中国生产性服务业的水平、结构及影响——基于投入—产出法的国际比较研究［J］. 经济研究，2008（01）：76-88.

［34］林毅夫，刘志强. 中国的财政分权与经济增长［J］. 北京大学学报（哲学社会科学版），2000（04）：5-17.

［35］韩峰. 生产性服务业集聚如何影响制造业结构升级？——一个集聚经济与熊彼特内生增长理论的综合框架［J］. 管理世界，2020. 36（02）：72-94.

[36] 唐国华，张运成．中国人口老龄化对制造业结构升级的作用机制研究［J］．现代经济探讨，2020（10）：46-55.
[37] 傅元海，叶祥松，王展祥．制造业结构优化的技术进步路径选择［J］．中国工业经济，2014（9）：78-90.
[38] 郑长娟，郝新蓉，程少锋，等．知识密集型服务业的空间关联性及其影响因素——以浙江省 69 个县市为例［J］．经济地理，2017（3）：121-129.
[39] 余泳泽，潘妍．中国经济高速增长与服务业结构升级滞后并存之谜——基于地方经济增长目标约束视角的解释［J］．经济研究，2019，54（03）：152-167.
[40] 戴魁早，李晓莉，骆莙函．人力资本结构高级化，要素市场发展与服务业结构升级［J］．财贸经济，2020，41（10）：131-148.
[41] 胡凯，吴清，胡毓敏．知识产权保护的技术创新效应——基于技术交易市场视角和省级面板数据的实证分析［J］．财经研究，2012（08）：15-25.
[42] 傅缨捷，单玉琢．中国生产性服务业出口的增长效应研究——基于 CMS 模型的分析［J］．经济视角，2018，271（04）：105-114.
[43] 丁一兵，宋畅．出口市场份额、FDI 流入与中国制造业出口技术复杂度［J］．国际贸易问题，2019（6）：117-132.
[44] 杨珍增．知识产权保护与跨国公司全球生产网络布局——基于垂直专业化比率的研究［J］．世界经济文汇，2016（5）：76-93.
[45] 郑长云．知识产权保护与出口品质结构——基于美国进口数据的检验［J］．国际贸易问题，2017（12）：3-13.
[46] 杨林燕，王俊．知识产权保护提升了中国出口技术复杂度吗？［J］．中国经济问题，2015（3）：97-108.
[47] 舒燕，林龙新．知识产权保护是服务出口促进经济增长的" 助推器" 吗？［J］．首都经济贸易大学学报，2014，16（6）：31-38.
[48] 代中强，梁俊伟，孙琪．知识产权保护、经济发展与服务贸易出口技术复杂度［J］．财贸经济，2015（7）：109-112.
[49] 唐保庆，黄繁华，杨继军．服务贸易出口、知识产权保护与经济增长［J］．

经济学（季刊），2012，11（1）：155-180.
[50] 黄先海，胡馨月，陈航宇. 知识产权保护、创新模式选择与我国贸易扩展边际［J］. 国际贸易问题，2016（09）：110-120.
[51] 余长林. 知识产权保护与中国企业出口增长的二元边际［J］. 统计研究，2016（01）：35-44.
[52] Jandhyala. Property rights and international investment in information technologyservices［J］. Strategic management Journal，2013，34（07）：877-889.
[53] Iwaisako T. Welfare effects of patent protection and productive public services：why do developing countries prefer weaker patent protection［J］. Economics Letters，2013，118（3）：478-481.
[54] Chu S.，Gao C.. Intellectual property protection and creative enterprises' investment efficiency：alleviating financing constraints or inhibiting agency problem?［J］. Asia-Pacific Journal of Accounting & Economics，2019，(11)：1-20.
[55] 周游. 外商直接投资、知识产权保护与出口产业结构调整——基于联立方程和VAR模型实证分析［J］. 软科学，2014（11）：40-44.
[56] 张雨，戴翔. FDI、制度质量与服务出口复杂度［J］. 财贸研究，2017（07）：63-72+80.
[57] 孙铭壕，钱馨蕾，徐建玲. 知识产权保护对地区创新的影响路径研究——基于FDI视角［J］. 技术经济与管理研究，2019，272（03）：33-39.
[58] 陈颂，卢晨. 基于行业技术相似度的FDI技术溢出效应研究［J］. 国际贸易问题，2019，433（01）：110-122.
[59] 李小帆，马弘. 服务业FDI管制与出口国内增加值：来自跨国面板的证据［J］. 世界经济，2019，42（05）：125-146.
[60] 蔡玲，申君歌. 地区知识产权保护与中国对“一带一路”沿线国家出口的质量研究［J］. 经济经纬，2018，35（05）：7-14.
[61] 牛蕊，郭凯頔. 全球价值链视角下的中韩生产性服务贸易研究［J］. 上海

对外经贸大学学报，2018（11）：18-28.

[62] Peres M，Xu H L，Wu G. Community evolution in international migration top1 networks [J]. Plos one，2016（02）：1-20.

[63] 许和连，成丽红. 动态比较优势理论适用于中国服务贸易出口结构转型吗——基于要素结构视角下的中国省际面板数据分析 [J]. 国际贸易问题，2015（1）：25-35.

[64] 逯进，常虹，郭志仪. 中国省域能源、经济与环境耦合的演化机制研究 [J]. 中国人口科学，2016（126）：23-33.

[65] Girvan M，Newman M E J. Community structure in social and biological networks [J]. Proceedings of the National Academy of Sciences of the United States of America. 2002，99（12）：7821-6.

[66] 韩玉雄，李怀祖. 关于中国知识产权保护水平的定量分析 [J]. 科学学研究，2005，23（3）：377-382.

[67] Sieghart，A.. Information Technology and Intellectual Property [J]. European Intellectual Property Review，1982（7）：15-23.

[68] 杨小辉. 知识产权保护对出口和对外投资的影响 [D]. 天津：天津大学，2016.

[69] 曹秋菊，黄佳慧. 知识产权保护对我国出口贸易结构的影响分析 [J]. 湖南商学院学报，2016，23（4）：8.

[70] 白雪洁，孙红印，汪海凤. R&D 活动、市场势力与社会福利效应——基于中国企业的实证分析 [J]. 经济理论与经济管理，2016，（3）：59-71.

[71] 崔艳新. 中美知识产权服务贸易发展战略研究 [J]. 国际贸易，2019，（2）：68-77.

[72] 姚战琪. 对外开放对中国生产性服务业影响的实证研究 [J]. 学习与探索，2015，（6）：109-113.

[73] Miles I.，Andersen B，Boden M，et al. Service production and intellectual property [J]. International Journal of Services Technology & Management，2000，1（1）：37-57.

[74] Leenheer P. D., Christiaens S, Meersman R. Business semantics management: A case study for competency-centric HRM [J]. Computers in Industry, 2010, 61 (8): 760-775.

[75] 许和连，王海成. 简政放权改革会改善企业出口绩效吗？——基于出口退(免)税审批权下放的准自然试验 [J]. 经济研究，2018 (03): 157-170.

[76] 余长林. 知识产权保护、模仿威胁与中国制造业出口 [J]. 经济学动态，2015 (11): 43-54.

[77] 朱树林，韩树政，苏昌贵. 我国省际区域的知识产权保护、出口商品结构与 TFP 联动 [J]. 经济地理，2013 (10): 28-34.

[78] 张杰，刘志彪，张少军. 制度扭曲与中国本土企业的出口扩张 [J]. 世界经济，2008 (10): 3-11.

[79] 张亚斌，吴江，易先忠. 知识产权保护与南北技术扩散 [J]. 世界经济研究，2007 (01): 8-12.

[80] 柴江艺，许和连. 行业异质性、适度知识产权保护与出口技术进步 [J]. 中国工业经济，2012 (02): 79-88.

[81] 杨全发，韩樱. 知识产权保护与跨国公司对外直接投资策略 [J]. 经济研究，2006 (04): 28-35.

[82] 苏为华，孔伟杰. 基于知识产权保护的国际贸易和 FDI 技术溢出效应研究 [J]. 统计研究，2010，(2): 58-67.

[83] 沈国兵，刘佳. TRIPS 协定下中国知识产权保护水平和实际保护强度 [J]. 财贸经济，2009 (11): 66-71.

[84] 韩玉雄，李怀祖. 知识产权保护对社会福利水平的影响 [J]. 世界经济，2003 (9): 69-80.

[85] 刘晓惠，华德亚. 促进我国服务业知识产权保护的途径研究 [J]. 北方经贸，2014 (08): 104-105.

[86] 陈凤仙，王琛伟. 从模仿到创新— —中国创新型国家建设中的最优知识产权保护 [J]. 财贸经济，2015 (1): 143-156.

[87] 杨轶波. 增强知识产权保护总能促进创新吗?：纳入“干中学”效应的南北

框架分析［J］. 世界经济研究，2018（12）：115-131.
［88］代中强. 知识产权保护提高了出口技术复杂度吗？——— 来自中国省际层面的经验研究［J］. 科学学研究，2014，（12）：1846-1858.
［89］诸竹君，黄先海，余骁. 进口中间品质量、自主创新与企业出口国内增加值率［J］. 中国工业经济，2018，（8）：116-134.
［90］李娜，陈伟，朱树林. 知识产权保护对出口商品结构的影响研究［J］. 湖北社会科学，2018（10）：50-55.
［91］马凌远. 知识产权保护：扩张进口种类抑或增加进口数量？———基于中国产品层面进口数据的实证分析［J］. 世界经济研究，2015（10）：110-119＋129.
［92］李建标，汪敏达，陈冠宇. 知识产权保护与社会福利的匹配——基于网络外部性的实验研究［J］. 中国工业经济，2013（02）：44-57.
［93］叶静怡，陈凤仙. 开放条件下知识产权保护和社会福利效应［J］. 财经理论与实践，2011（03）：74-79.
［94］郭春野，庄子银. 知识产权保护与"南方"国家的自主创新激励［J］. 经济研究，2012（09）：32-45.
［95］陈国宏，郭弢. 我国 FDI、知识产权保护与自主创新能力关系实证研究［J］. 中国工业经济，2008（4）：25-33.
［96］苏为华，孔伟杰. 基于知识产权保护的国际贸易和 FDI 技术溢出效应研究［J］. 统计研究，2010，27（002）：58-65.
［97］柒江艺，许和连. 行业异质性、适度知识产权保护与出口技术进步［J］. 中国工业经济，2012（02）：79-88.
［98］段炼. 新常态下创新驱动与生产性服务业结构优化［J］. 商业经济，2018（11）：67-71.
［99］尹志锋，叶静怡，黄阳华等. 知识产权保护与企业创新：传导机制及其检验［J］. 世界经济，2013（12）：111-129.
［100］孙赫. 我国知识产权保护执法水平的度量及分析［J］. 科学学研究，2015（09）：1373-1381.

[101] 沈国兵，张学建．行业知识产权保护对中国出口竞争力的影响——基于行业增加值市场渗透率的分析［J］．浙江学刊，2018（03）：151-161．
[102] 裴长洪，李程骅．论我国城市经济转型与服务业结构升级的方向［J］．南京社会科学，20102010（1）：15-21．